KB105538

If you think there's n
more to look forw

If you think there's n
more to look foru

인생에 더 기대할 게
없다는 생각이 든다면

인생에 더 기대할 게
없다는 생각이 든다면

이근후 지음

If you think there's no
more to look forw

책들의정원

행복의 문 하나가 닫히면
다른 문이 열린다

　가능성은 어린이에게 주어진 특권이다. 수만 가지의 길이 눈앞에 놓여 있고 그중 어느 길이든 원하는 대로 걸을 수 있다. 나에게도 그런 시절이 있었다. 나는 대학에 진학하고 취업에 성공하며 의사 겸 교수라는 선택지를 골랐다. 동시에 지금의 아내를 만나 자식을 낳고 가정을 이뤘다. 환자를 보고 아이를 기르느라 정신없는 나날을 보냈다.

　그렇게 마흔을 지나 쉰을 넘기며 내 인생에 더는 선택지가 남지 않았다고 느끼게 되었다. 이제 와서 어릴 때 꿈을 좇아 화가가 되거나 취미를 따라 산악인이 되겠다며 현실을 걷어찰 수 있겠는가. 가능성이 닫힌 삶에 무슨 의미가 있을까. 나뿐만 아니라 주변을 돌아봐도 또래 모두 뻔하디 뻔한 앞날을 그리고 있었다. 아마도 지금처럼 살다가 은퇴하고 노년을 맞이하겠거니…….

그렇게 나이를 먹고 현직에서 물러나자 내게 무한한 시간이 찾아왔다. 어떻게 살아야 하냐는 고민이 불쑥불쑥 솟았다. 이는 아흔을 앞둔 지금도 답하기 어려운 문제다. 하물며 40~50대를 돌이켜보면 그때는 더욱 그러했다. 멀리 내다보기보다는 하루하루를 버티기에 바빴으니까. 일상을 핑계 삼아서 잊고 있던, 하지만 마음 한구석으로는 수십 년 동안 품었던 고민. 그리고 진료실에서 만난 수많은 환자가 물었던 고민이 뒤늦게 머리를 울렸다.

더 늦기 전에 그 답을 정리하기로 했다. 옛 선현의 지혜를 빌리고자 책을 뒤적이고 경험 많은 선배에게 묻기도 했다. 그런데 제각각 다른 해법을 내놓았다. 누구는 열 번 찍어 안 넘어가는 나무 없다고 했지만 누구는 오르지 못할 나무는 쳐다보지도 말라고 했다. 쇠뿔은 단김에 빼라고 해놓고 아는 길도 물어서 가라고 한다. 어느 장단에 맞춰야 할까. 물으면 물을수록 헷갈리기만 했다.

인생을 모르기는 지금도 마찬가지지만 기나긴 시간 끝에 한 가지는 깨달았다. 누가 뭐라고 해도 내 멋에 살면 된다는 점이었다. 내가 있어야 네가 있고 우리가 있다. 틀린 인생이란 없다. 내가 원하는 삶과 원하지 않는 삶이 있을 뿐이다. 생의 마지막 순간에 후회하지 않기 위해서는 나를 위해 살아갈 용기를 가져야 했다. 삶이란 그렇다. 무겁다면 무겁고 가볍다면 가볍다. 즐겁다면 즐겁고 슬프다면 슬프다. 내 인생 하나에도 수천, 수만 가지 맥락이 얽혀 있는데 우리 모두의 인생을 두고 어떻게 한마디로 정리할 수 있으랴. 그저 받아들이고, 인정하며, 나라는 중심을 잡으면 될 뿐이었다.

이제 나는 어느 모임에 가더라도 나이로는 최연장자 대접을 받는다. 그러나 나보다 젊은 친구가 부럽거나 내 앞날이 닫혀 있다고 생각하지 않는다. 있는 그대로를 받아들이고 나자 내게 새로운 가능성이 다가왔다. 마당에 놀러 온 고양이와 인사하며 인연을 맺고, 매일 변화하는 날씨 속에서 어제와 다른 오늘을 온몸으로 느낀다.

'행복의 문 하나가 닫히면 다른 문이 열린다. 그런데 우리는 닫힌 문만 바라보느라 열린 문을 보지 못한다.'

헬렌 켈러가 남겼다고 알려진 말이다. 인생에 더 기대할 게 없다는 생각이 든다면 내가 닫힌 문만 바라보느라 다른 문을 놓치고 있지 않은지 돌아볼 일이다. 스스로 포기하기 전까지 닫혀버린 삶이란 없다.

2024년 5월
봄비가 오는 날
이근후

If you think there's nothing more to l

차례

2부

백만 가지 참견 속에서도
끝끝내 '나'로 살아가리

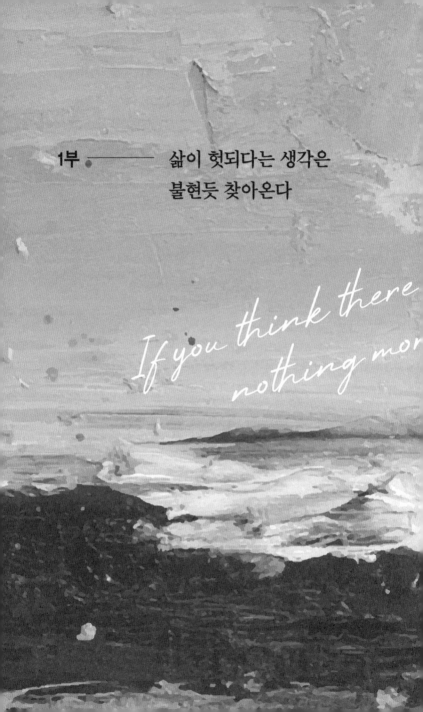

1부 ——— 삶이 헛되다는 생각은
불현듯 찾아온다

*If you think there
nothing mor*

내가 누구냐 묻는다면

나이를 먹다 보면 나를 소개할 말이 점점 사라져간다. 젊은 시절의 내게 누군가 "뭐 하는 분이오?"라고 묻는다면 나는 의사나 교수 아니면 한 집안의 가장이라고 설명할 수 있었다. 하지만 지금은 다르다. 진료실과 교단에서 물러난 지 오래되었고, 아내와 아이들이 곁에 있다고는 하지만 예전과 같이 가정 내 대소사를 책임지는 역할에서는 살짝 비켜나 있다.

오로지 이름 석 자로 나를 증명해야 한다는 사실은 사람에 따라 꽤 큰 충격으로 다가온다. 오래전 문교부(현재는 교육부) 장관님을 만난 적이 있었다. 병원 구내식당에 밥을 먹으러 갔는데 어떤 장년층 남성이 상체를 의자에 비스듬히 기댄 채 옆에 있는 두 청년에게 훈계 중이었다. 두 청년은 연신 머리를 조아리며 식사를 하는 둥 마는 둥 했다. 아마도 지체 높은 남성이 지인의 병문안이라도 왔는가 싶었는데 나뿐만 아니라 주변 사람 모두가 그 일행을 힐끔힐끔 바라보는 시선이 느껴졌다.

점심시간이 끝나고 다시 진료실로 돌아갔는데 어찌 된 일인지 그 일행이 내 앞에 나타났다. 청년 중 하나가 나서서 말했다.

"이분은 정년퇴직을 앞둔 교장 선생님입니다. 저희 둘은 같은 학교에서 지내는 평교사고요."

설명에 의하면 교장 선생님은 인품이 퍽 좋아서 다른 사람에게 싫은 소리 한 번을 하지 않고 항상 침착한 분이었다고 한다. 그런데 어느 날부터 자신을 문교부 장관이라 칭하더니 평교사 둘을 비서 부리듯 대한단다. 처음에는 장난이라고 여기고 장단을 맞춰드렸는데 일이 점점 이상하게 돌아가고 있다고 했다. 더 자세한 사연을 들려달라고 하니 이렇게 말한다.

"교장 선생님은 올해면 40년 넘는 교직 생활을 마무리하시게 되었습니다. 그래서 그런가 우울하고 초조해 보이셨어요. 그런데 퇴임을 6개월 앞두고 느닷없이 분교 교장으로 발령이 났습니다."

교장 선생님은 어떻게 교직을 마무리해야 후배 교사에게 본보기가 될지, 그 영예로운 방법만 골몰하고 있었는데 좌천이라니…… 하늘이 무너진 셈이다. 그는 일선 경험을 추억 삼아 이런저런 이야기를 들려주며 떠날 준비를 하거나, 평소보다 더 일찍 나와 학교를 손질하고 다독거리며 마지막 정열을 불태우고 있었다. 그러던 그가 겨우 6개월을 남기고 벌어진 사건에 사표라도 던져버릴까 고민할 만큼 상심한 것이다.

내가 청춘을 바쳐 일한 보람이 고작 이것인가. 나를 명예롭게 물러나지 못하게 하는 이유가 뭔가. 그는 울분에 찬 나머지 마음속에서 새로운 명함을 새겨버렸다. 바로 문교부 장관이었다.

뒷방 늙은이가 된다는 공포는 돈벌이에만 국한된 이야기가 아니다. 나를 찾은 환자 중에 속이 더부룩하고 잠이 오지 않아 고생하는 아주머니가 있었다. 원인은 '열쇠 꾸러미'였다. 이 아주머니는 젊어서부터 집안 경제를 살뜰히 돌봤고 아들이 장가를 들 때쯤에는 꽤 풍족한 삶을 살았다고 한다. 하루는 '내가 언제까지 이러고 살겠나' 하는 마음에 장농 열쇠부터 광 열쇠까지 쭉 모아다가 며느리에게 넘겼다. 요즘으로 따지면 통장 다발을 넘긴 셈이다. 그런데 이후로 마음 한구석이 텅 빈 것 같았다. 며느리가 그 열쇠를 아무렇게나 취급하지 않을까 하여 아주 속이 상한다고도 했다.

"그러게, 남들이 하는 말을 들을 걸 그랬어요. 다 물려주지 말고 내 몫을 남겨놓으라고 하던데……."

아주머니는 이렇게 말하며 내가 나중에 늙으면 자기가 한 말이 생각날 것이라고 한마디 덧붙였다. 열쇠 꾸러미는커녕 물려줄 열쇠고리도 없던 당시의 나는 그저 웃어넘겼지만 역시나 사람 일은 함부로 단정 지을 수 없다. 내가 40대였을 때 동료 교수들과 모여 점심을 먹고 수다를 떨면서 했던 말이 있다.

"우리는 정년까지 가지 말고 적당한 때를 골라 자리에서 내려오자."

다른 뜻이 아니고 노구를 이끌며 캠퍼스를 드나드는 원로 교수님들에게 묘한 안쓰러움을 느꼈기 때문에 한 말이었다. 그때는 분명 동료 교수들이 다 같이 고개를 끄덕였는데 그중에서 정년을 채우지 않은 이는 없었다. 우리는 이렇게 합리화했다.

"외국에서 공부를 마치고 갓 돌아온 새내기 교수들을 보면 걱정이 많아. 어떻게 저 친구들에게 맡기고 학교를 떠나느냐는 말이야."

〜〜〜〜

우리를 기다리고 있는 또 다른 삶을 위해
때로는 스스로 계획한 삶을
놓아줄 필요도 있다.

_미국의 신화학자, 조지프 캠벨Joseph Campbell

산을 올랐으면 내려와야 하는 법이건만 지나놓고 보면 내려와야 할 때를 헤아리지 못하는 경우가 많다. 적당한 기회를 잊은 사람치고 내리막길이 순탄한 사람은 보기 힘들다. 노욕을 떨치지 못해 그런 경우도 있고, 내리막길을 오르막이라 착각하고 살아가서 그런 경우도 있다.

태어나서 죽을 때까지 단 한 번의 삶만이 주어지기에, 우리는 어쩌면 단 한 번의 오르막과 단 한 번의 내리막을 걷는지 모른다. 그렇다면 언제가 내 인생의 정점인지 알고 하산해야 할까? 인생의 마감 길을 어떻게 걸어야 할까? 나는 회갑을 맞으면서 이런 생각을 처음으로 해보았다. 그전에는 일하기 바빴고, 가족을 돌보기 바빴다. 여러 가지 사정으로 내려가는 길은 생각해 보지 않았다.

60세가 되었을 때 나는 학교에 안식년을 신청하여 1년을 쉬기로 하고 네팔의 히말라야에 가기로 했다. 그 거대한 산맥에는 자신의 생을 되돌아보게 하는 묘한 기운이 있는 듯했다. 나는 이때를 기점으로 삶의 내리막길을 떠올리기 시작했다.

어떻게 내려가야 이 길을 즐겁게 내려갈 수 있을까? 무엇이 두려웠기에 그토록 오르고 또 오르려고 아등바등하게 만들었단 말인가? 어디인지도 모를 정상을 향해 그저 나아가기만 하는 그 삶은 참 힘들고 괴롭고 고독하다. 나도 그랬다. 아니, 우리 모두의 삶이 그러했을 것이다. 그런데 결국 내 생의 도착지는 정상이 아니었다. 다시 거기에서 내려와야 한단다. 그 전에 정상을 밟아보기는 했는지도 모를 일이다.

허무함이 밀물처럼 밀려온다. 가슴이 시리다 싶을 무렵 히말라야 밤하늘의 쏟아지는 별들이 울림을 준다. 마음을 들킨 것만 같다. 머릿속에 작은 반딧불이 켜지는 순간 지나온 세월의 억울함이 서럽고 서러워 주체할 수 없고 속으로 흐르는 눈물이 하염없다.

"내려와라. 삶의 힘든 짐을 혼자 지려 하지 말고 이제 그만 내려와라."

어떤 음성이 들리는 것만 같다.

"그래, 이젠 내려가야지. 내려가자. 이것이 운명이고 순리라면 홀가분하게 행복하게 내려가자."

나는 왜 그동안 이 단순하고도 명료한 진리를 두려워했

더냐. 아니면 아쉬웠던 것이더냐. 오르막길이 있으면 내리막 길도 있어야 한다는 아주 단순한 진리 앞에서, 울적하지만 그럼에도 불구하고 내려가야 한다면 행복하게 가기로 하자. 후회를 버리고, 아쉬움을 뒤로하고, 붙잡으려 하지 말고.

어찌 우리는
죽고 싶어 못 견디는
사람들처럼 구는가

하루는 절친한 친구에게 전화가 온 적이 있었다.

"야, 난데. 다 죽게 생겼다. 좀 살려주라."

엊그제도 만난 녀석이 무슨 소리인가 싶어 사고라도 났는지 물으니 아니란다. 다만 몸에 힘이 하나도 없어 목소리도 떨리고 정말 크게 불편한 기색이다. 이 친구는 유명한 대기업 고위 간부였다. 젊어서부터 다부진 체격에 금이 갔다면 그것은 스스로 혹사한 결과라는 생각이 들었다. 그가 어떻게 일하고 생활하는지 뻔히 알고 있기에 내린 짐작이었다.

친구는 매일 새벽 4시면 일어나서 아침을 대강 때우고는 출근한다. 하루 종일 스트레스 꽉꽉 받아가며 일하다가 퇴근하고 귀가하면 어느새 밤 11시. 잠든 자식들 얼굴이나 한 3초 훑어보고 본인도 잠자리에 든다. 다음날 4시가 되면 알람이 울리지만 도통 깨지를 못해 아내가 몇 번이나 흔들고 짜증을 내어야지 꿈틀거린다. 그간 내가 "너 죽고 싶어 환장했구나"라고 핀잔을 주어도 귓등으로 듣더니 이제 와서 중병에 걸린 것 같다고, 종합검진을 받아야겠다고 한다.

이 이야기가 벌써 수십 년 전, 그러니까 1970~1980년대의 일인데 21세기가 된 지도 한참인 지금 다시 꺼내도 그리 어색하지 않다. 1인당 GDP가 1,000달러 수준이던 나라에서 3만 달러 하는 나라로 천지가 개벽했는데 우리는 여전히 일에 파묻혀 산다. 산업 현장에서 '목표치 120퍼센트 초과 달성!' 같은 문구를 붙여 자랑하는데, 이는 사실 '나는 지금 정신력을 잃어가고 있습니다. 나는 바보입니다'라고 고백하는 꼴밖에 안 된다.

옛날에는 생존을 위해 일했지만 소비가 미덕이 된 현대에는 더 많이 소비하기 위해 일하는 것만 같다. 말 그대로 '굶어서' 죽거나 옷이 없어 '추워서' 죽는 경우는 거의 사라졌다. 하지만 본인의 삶에 만족하냐고 묻는다면 대부분 고개를 가로젓는다.

그도 그럴 것이 인간에게는 다양한 욕구가 잠재되어 있다. 당장 먹고 자는 문제가 해결된다면 다음 욕구를 채워야 하는 것이다. 그러려면 우리는 놀아야 한다. 마음 편히 노는 과정에서 내가 좋아하는 것과 잘하는 것을 발견한다. 가족이나 친구와 시간을 보내며 친밀감을 느끼고 심리적 안정감을 얻는다.

그런데 놀아본 경험이 없으니 어떻게 놀아야 할지도 모른다. 어쩌다가 쉴 시간이 생겨도 휴식마저 기를 쓰고 열심히 한다. 어디 바캉스를 간다거나 자기계발을 한다며 스케줄을 세우고 평일보다 더 빡빡하게 움직인다. 우리는 어쩌다가 쉬는 시간조차 편히 누리지 못하는 멍청이가 되었을까. 심지어 밤에 잠을 자는 시간도 아까워하고 게으르다 하니 말이다. 많은 전문가가 지적하기를 한국은 급격한 산업화를 이루면서 일에 몰두하다 보니 그렇다고 한다.

잠자는 시간마저 아까워 줄여가는 사회라니. 동물이 왜 잠이 자는지는 정확히 밝혀진 바가 없이 여러 학설만 있는데, 그 가운데 재미있는 학설이 있는데 바로 중독설이다. 낮에 집중해서 일하다 보면 에너지 소모량이 많고 발생하는 노폐물도 꽤 있을 것이다. 이 노폐물이 쌓여가다 보면 신체가 '자가 중독'에 빠진다는 설명이다. 그러니 중독을 피하기 위해 잠을 자면 그동안 노폐물이 정화되고 아침에 눈을 뜰 때면 다시 긴장 상태에 들어갈 수 있는 에너지를 얻는다고 했다. 그런데 이 잠을 줄여버리니 자가 중독 상태에서 헤어 나올 수 없는 것이다.

야심이 있는 사람은 언제나 커다란 행운과
재물이 굴러들어 올 것이라 믿기에
늘 무엇인가를 뒤쫓는다.
하지만 그에게 돌아오는 것은 단지
피로와 분주한 나날뿐이다.

_프랑스의 철학자, 알랭Alain

긴장과 이완. 긴장이 일하는 것이라면 이완은 쉬는 것이다. 긴장과 이완은 반드시 번갈아서 나타나야 한다. 대학생 시절 일화가 하나 떠오른다. 의과대학은 수강하는 과목도 많지만 과목마다 시험도 많다. 하루가 멀다고 시험이 연속되니 여간 긴장되지 않을 수 없다. 어떤 날은 하루에도 시험이 몇 과목씩 이어지니 감당하기가 어렵다. 사실 나는 자정이 넘으면 잠이 와서 어떤 일도 할 수 없는 체질이었는데 이런 식으로는 의과대학을 마치기 쉽지 않았다. 그래서 약국에서 근무하는 친구에게 잠이 오지 않는 약을 부탁했다.

친구에게 오늘은 기필코 밤 12시 이후에 깨어 있어야 한다고 강조했더니 약을 몇 첩 내주었다. 그런데 나는 무엇이 잘못되었는가 평소보다도 일찍 깊은 잠에 빠져버렸다. 아침에 일어나서 황망한 심정으로 부랴부랴 시험장에 달려갔는데, 생각지도 못하게 훌륭한 점수를 받았다. 나중에 약국 친구에게 물으니 각성제가 아니라 수면제를 지어줬단다. 그러니 내가 시험을 잘 친 까닭은 밤새 잠을 푹 잤기 때문이었던 셈이다.

나는 약국 친구 덕분에 밤잠과 휴식의 중요성을 확실히 체감했다. 사람은 역시 몸으로 겪을 때 가장 빨리 배운다. 매일 새벽 4시에 일어나 밤 11시에 귀가한다던 그 친구에게 필요한 것도 바로 이런 경험이었다. 그래서 나는 친구에게 몇 가지 조언을 했다. 그러고 정확히 일주일 뒤에 다시 연락이 왔다.

"야, 이제 좀 살겠다. 너 돌팔이로 알았는데 아주 처방이 기가 차구나."

내가 내린 처방은 무조건 6시에 정시 퇴근할 것, 단 한 가지였다. 물론 그를 설득하기 위해 어려운 의학 지식이며 그럴싸한 말을 덧붙이기는 했으나 결론은 집에 일찍 가서 일찍 자라는 것뿐이었다.

고침안면高枕安眠이라는 사자성어가 있다. 베개를 높이 하고 잠을 자면 근심이 없다는 뜻으로 중국 한나라 시대의 역사가 사마천이 지었다는 책《사기》에 나오는 말이다. 춘추전국시대 제나라의 맹상군의 일화에도 고침무우高枕無憂라 하여 비슷한 표현이 등장한다. 군사를 일으켜 죽고 죽이던 당시 사람들도 잠자고 쉬는 일의 중요성을 알았는데, 어찌 우리는 평화 속에 살면서도 죽고 싶어 못 견디는 사람들처럼 구는가.

산다는 건
깊은 고독 속에 있는 것

"형! 이제 추위는 다 간 모양이지? 날씨가 따뜻해지는 것을 보면 봄이야."

혈연은 아니지만 어릴 때부터 형제처럼 지낸 형이 하나 있다. 지금은 강남 시니어 타워에 혼자 외롭게 살고 있다. 내가 전화해 말을 걸면 내 질문에는 대답도 하지 않고 자기가 하고 싶은 이야기부터 한다.

"자식도 떠나고 나면 다 소용이 없어. 품 안의 자식이나 자식이지."

이 말은 한두 번이 아니다. 안부가 궁금해서 전화할 때마다 똑같은 대사를 녹음기 틀어 놓듯이 반복한다. 내가 알기로는 아들 삼 형제가 모두 미국에 가 있는데 사회적으로 성공한 삶을 살고 있으니 효자고, 셋이 번갈아 가며 한국에 나와 아버지와 얼마간 지내고 간다고 하니 역시 효자다. 게다가 이 형은 경제적으로 넉넉하여 불편할 게 없다. 10여 년 전까지는 본인도 미국에서 살았는데 형수의 주장으로 귀국하여 두 부부끼리 지내다가 형수님이 먼저 타계하셨다. 그때 삼 형제가 "저희와 다시 미국으로 가시죠"라고 했으나 형은 가지 않겠다고 막무가내였다.

자식 입장에서 혼자 남은 나이 든 아버지를 아파트에 두고 가기가 불안해 의논한 결과, 아파트를 처분하고 강남 시니어 타워에 입주시켜 요양보호사의 보살핌까지 받을 수 있도록 만들어두었다.

"너, 애들이 차 타고 드라이브하자고 하거든 절대로 따라가지 마라."

이 말 또한 형이 습관적으로 지겹게 하는 말이다. 사연인즉 아파트를 팔고 시니어 타워에 입주시키던 날에 삼 형제가 아버지에게 산책하러 가자고 했단다. 형이 "아서라,

엄마도 돌아가시고 없는데 산책은 무슨 산책이니. 관둬라"
라고 말했는데 아들 셋이 "그럴수록 기운을 내셔야죠"라고
끌고 나가더니 이 집에 자기를 버리고 가버렸단다. 그러면
서 나에게 자식이 찾아와 어디 산책이나 여행을 가자고 하
면 절대로 따라나서지 말라고 신신당부한다.

들는 입장에서 아들 셋이 너무했다고 생각할지 모르겠
으나, 내가 아는 바로는 모두 사실과 다른 이야기다. 아마
도 형은 형수가 떠난 후 자식마저 미국에서 있으니 혼자
가 되었다고 느꼈을 것이다. 그러니 엄습해 오는 고독을
이겨내기 위해 이런 사연을 만들어 나에게 하소연하는 것
이라 짐작해 본다.

노인은 고독하다. 왜 그럴까? 노인 심리학에서 말하는
여러 가지 변화가 있으나 내 생각에 고독이란 원래 인간
의 가장 근원적인 마음이 아닌가 싶다. 노인만 고독할까?
아니다. 내 생각에는 어린이도 고독하다. 사람이라면 누구
나 고독하다. 인간은 어머니 배 속에서 아주 안락한 10개
월을 보낸다. 그러던 어느 날 편안한 세계를 뒤로 하고 밖

으로 쫓겨났으니 아마도 그때부터 고독했을 것이다. 어머니의 자궁 속에서는 걱정해야 할 일이 아무것도 없지만 밖으로 나와서는 일거수일투족이 내 몫이고 걱정거리다.

〰〰〰

산다는 것은
깊은 고독 속에 있는 것이다.
_독일의 극작가, 프리드리히 헤벨Friedrich Hebbel

어릴 때는 근심과 고독을 겪어도 시원하게 울고 나면 풀린다. 나는 학교에 다니던 중 요즘 말로 '왕따'가 된 적이 있었다. 학급 친구 가운데 누구도 내게 말을 건네지 않았고 내가 먼저 말을 걸어도 대답을 해주지 않았다. 나는 그때 외로움을 느꼈지만 대여섯 살 먹은 애처럼 교실에서 엉엉 울 수는 없었다. 그래서 학교 운동장에 있는 오래된 미루나무에 기어 올라가 남몰래 한참을 울었다.

이후 나이를 먹어가며 때때로 고독을 느끼기는 했으나 결혼하고 아이를 낳아 한창 바쁜 생활을 하느라 정신이 없었다. 발등에 떨어진 불을 끄기 위해서 급히 허덕이다 보니 고독을 1순위로 느끼지는 못했다. 그런데 더 나이를 먹고 삶의 가장 치열한 순간에서 한 발자국 떨어지고 나니 이제야 감정에 변화가 생긴다. 내 곁에는 늘 떠나지 않는 고독감이 항상 머물고 있다. 젊었을 적처럼 특정한 순간에 느껴지지 않고 매일 매시간 느껴진다. 곁에 사람이 있어도 고독하고, 사람이 없으면 더욱 고독하다. 그러니 노인의 삶을 한마디로 설명한다면 고독이라 하겠다.

오죽하면 《창문 넘어 도망친 100세 노인》이라는 책도 있지 않던가. 이 소설의 주인공인 100살 먹은 노인은 양로원에 앉아 죽을 준비나 하는 처지에서 벗어나기 위해 세상 밖으로 뛰어 나가며 유쾌하고 유머러스한 분위기로 이야기를 풀어나간다. 고독을 이겨내는 비결이 여기에 있다. 나이를 먹으면 딱히 외로워야 할 상황이 아닌데 불쑥 쓸쓸한 감정이 무의식을 뚫고 올라와 버린다. 그럼 나는 어떻게든 즐거운 기억을 찾는다.

잊고 있었던 일화가 하나 생각난다. 친구의 연애사다. 이 친구는 여자친구를 만나 행복한 나날을 보냈다. 주변에서는 결혼할 대상이라고 생각하여 "언제 국수 먹여주느냐"고 조르기도 했다. 그러던 그자 하루는 시무룩한 표정으로 찾아와 하소연한다. 차였단다. 그래서 고독한 심정을 달래기 위하여 나를 보러와 놓고는 이렇게 중얼거린다.

"저도 지금쯤 내가 많이 보고 싶을 거다."

떡 줄 사람은 생각도 않는데 김칫국 마신다. 그래도 친구에게 이런 말을 직접 하지는 않았다. 그렇게 합리화라도 해야 헤어진 후의 고독을 이길 수 있을 테니까. 무엇 때문에 헤어졌는지 궁금하던 차에 친구가 이런저런 이야기를 털어놓는다. 여자친구가 먼저 이별을 선언해 놓고는 하늘이 무너지는 마당에 충고 하나 해도 좋겠냐고 물었단다. 해보라고 했더니 "앞으로 목욕 자주 하세요"란다. 이 무슨 뚱딴지같은 소린가. 웃기지도 않는 마지막 발언 덕분에 우리는 잠시 고독과 비통이란 감정을 2순위로 물러나게 할 수 있었다.

그런데 이 친구가 학교를 졸업하고 나서 청첩장을 보내왔는데 신부 이름을 보니 예전 그 여자친구다. 우리는 예식장에 몰려가 성대하게 축하했다. 그도 그럴 것이 한 번

찼던 여성이 발차기를 거두고 결혼까지 결심했으니 얼마
나 잘된 일인가. 얼마 후 집들이를 위해 몰려가서는 그의
부인에게 짓궂게 물었다.

"제수씨, 이제 이 친구 목욕 자주 하나요?"

이 말로 여러 번 골려 먹었으니 코미디의 연속이다. 쥐
꼬리만 한 추억이지만 기분이 좋아지는 것을 보니 한동안
은 고독에 깔려 죽지 않겠구나 싶다. 아직은 나를 즐겁게
할 추억이 있다는 사실에 더욱 즐거우니 이걸로 됐다.

트라우마에
잠겨 죽지 않는 법

글을 쓰고 있는 오늘은 6월 25일, 한국전쟁이 일어난 날이다. 70여 년 전 북한 괴뢰군(당시에는 이렇게 불렀다)이 예고도 없이 남침을 강행하여 큰 고통을 받았다. 전쟁은 피할 수 없는 재해였고 당시를 살았던 사람이라면 누구에게나 깊은 트라우마를 남겼다. TV를 틀어보니 6·25 전쟁을 회상하는 프로그램이 연달아 나오고 노장들이 출연해 실제 경험담을 늘어놓는다. 나는 그들의 이야기에 하나도 빠짐없이 공감했다.

단순한 공감을 넘어 나 개인이 받았던 트라우마가 갑자

기 무의식에서 의식의 수준으로 떠오른다. 그런데 진행자의 표정을 보니 말은 매끄럽게 연결하고 있으나 출연자인 노장들의 정서와는 거리가 있어 보인다. 직접 경험한 자와 경험하지 못한 자의 차이에서 오는 거리감이리라.

그 시절 나는 전쟁통에 학교를 다녔고, 중학교 3학년부터 고등학교 2학년이 될 때까지 전란의 소용돌이 속에서 고통받았다. 까마득한 옛이야기를 손자뻘 되는 젊은이들에게 늘어놓아 봤자 흥미도 없으려니와 꼰대 취급을 당하기에 안성맞춤이다. 다만 트라우마가 개인의 삶에 어떤 영향을 주는지, 그리고 트라우마와 비슷한 경험을 또다시 겪게 된다면 어떻게 풀어가야 하는지는 한번 떠들어볼 만할 것이다.

6·25는 내 인생의 첫 불안이고 공포였다. 전쟁이 났을 때 내가 중학교 3학년이었으니 이보다 어린 시절에는 무슨 큰 걱정이 있었으랴. 그런데 평화롭던 일상이 한순간 깨졌고 많은 사람이 죽거나 죽였다. 피난 생활은 험난했다. 어디에도 마음을 붙이고 살 수가 없었다. 이 당시의 기억이 너무 강렬했던 탓일까. 휴전이 되고 어른이 되어 가정을 꾸

렸을 때도 나는 '남북이 긴장 상태에 놓였다'는 뉴스만 들으면 난민의 마음으로 돌아갔다. 항상 일주일분의 비상식량을 비치했고 어리던 자녀들을 모아두고는 몇 번이나 이렇게 당부했다.

"만일 피난을 간다면 목적지를 고향인 대구로 정하자. 피난 도중에 서로 흩어진다면 지나는 길의 도시에 있는 역에서 기다려야 한다. 꼭 약속해라."

이 정도로 준비해도 불안은 살짝 누그러질 뿐 사라지지 않았다. 이제는 세월이 수십 년이나 흘렀으니 잠잠할 만도 한데 요즘처럼 '북한이 하루가 멀다고 미사일을 쏟아댄다'는 말을 듣고 있으면 공포가 스멀스멀 올라온다. 불편한 마음으로 손주들에게 물어보면 "북한에서 또 미사일 쐈대요?"라며 심드렁하게 반응하니 내 불안은 더 증폭될 뿐이다.

전쟁의 트라우마라고 하니 너무 무겁게 느껴지는데 우리가 일상에서 만나는 트라우마는 훨씬 가벼운 사건에서 시작될 경우가 많다. 내게 두 명의 지인이 있다. 한 명은 운전면허 시험을 일곱 번이나 떨어졌다. 머리가 그다지 나쁜 사람이 아니고 운동 신경도 둔하지 않은데 어째서 이런 일이 벌어졌는지 알 수가 없다. 어쨌거나 그는 연이은 낙방에도 굴하지 않고 여덟 번째 도전하여 합격했다. 그야말로 칠전팔기다. 그는 7수나 하는 바람에 합격 직후 그 누구보다 연습 경험이 많은 초보 운전자가 되었고 합격하자마자 차를 몰고 온갖 곳을 다닐 수 있었다.

또 다른 지인은 정반대였다. 학과니 도로 주행이니 전부 단번에 붙었다. 면허증을 받고 나서 운전대를 잡고 시내 연수를 하는데 아뿔싸, 광화문 네거리에서 접촉 사고가 났다. 다행히도 사소한 사고였지만 그는 굉장히 놀란 모양이다. 트라우마가 컸는지 이후로 운전대를 절대 잡지 않는다. 꽤나 오래전 사건이지만 그는 지금까지도 대중교통만 이용한다.

나에게도 운전 트라우마라면 트라우마가 있다. 학과 시험에 통과하여 도로 주행을 나갔는데 옆에 앉은 교관이 이렇게 물었다.

"선생님, 운전을 몇 년 하셨습니까?"

나는 면허가 없으니 운전을 배우러 왔거늘 이게 무슨 말인가. 처음이라고 답했더니 시험관은 믿기지 않는다며 연거푸 캐물었다. 내가 정말이라고 호소하자 조심스럽게 이런 말을 했다.

"제 눈에는 선생님 운전 솜씨가 몇 년 해보신 듯 보였습니다. 만일 선생님 말씀대로 운전대를 처음 잡으신다면 조언을 하나 해도 되겠습니까?"

반가운 마음에 흔쾌히 청했다.

"선생님은 초보치고 운전이 너무 저돌적입니다. 조심하세요."

집에 돌아온 나는 이 말을 한참 곱씹었다. 나에게 저돌성이 있었는가. 글쎄, 스스로 알아차리기는 어려운 일이다. 하지만 정말로 저돌성이 있다면 사고 내기에 최고의 조건이라는 생각으로 이어졌고, 차가 어디에 크게 부딪히는 몇몇 장면이 연상되었다. 백일몽 같은 공상이었으나 사고를 눈에 본듯해 심장이 뛰었다.

나는 그 경험 많은 시험관의 조언을 내 방식에 따라 듣기로 마음먹었다. 그래서 그 이후 지금까지 운전대를 잡은 적이 없다. 고작 말 한마디에 운전을 포기하다니 답답한

양반이라고 흉보는 사람도 있겠으나 택시나 대중교통을 타는 습관도 꽤 편리하다. 목적지에 와서 내려버리면 주차니 뭐니 신경 쓰지 않아도 돼 이보다 편할 도리가 없다.

누군가에게는 '고작'이라고 할 일도 다른 이에게는 감당하기 어려운 트라우마로 남을 수 있다. 결국 어떤 사건이 트라우마로 남게 될지는 개인의 성격에 달려 있다. 그리고 트라우마를 극복하는 방법 또한 개인의 성격과 무관하지 않다. 한 번의 충격을 헤어나지 못하고 불안과 공포에 떠는 사람이 있는데, 쉽게 일반화하기 때문이다. 옛말에 자라 보고 놀란 가슴 솥뚜껑 보고도 놀란다고 하지 않는가. 자라와 솥뚜껑은 엄밀히 말해서 상관관계가 없지만 어찌 연관을 지어보자면 넓적하니 비슷하기도 하다. 자라에 놀란 가슴이 생물과 무생물의 경계를 뛰어넘어 솥뚜껑으로까지 번진다면 일반화하고 확대하여 느끼는 예민성이 강하다고 하겠다.

트라우마를 스스로 해결하는 이도 있지만 끝내 지쳐 정신과의 도움을 받기도 한다. 의사가 도와줄 방법은 두 가지가 있다. 하나는 어려운 말로 '행동 수정 치료'다. 자라를 보고 놀란 이는 '자라'라는 단어만 들어도 식은땀을 흘린다. 그래서 일부러 일반적 대화 속에 자라라는 단어를 듬성듬성 섞는다. 듣는 이의 불안과 공포는 조금씩 줄어든다. 어느 정도 안정이 되었다 싶으면 이제는 실제 자라와 접촉을 시켜야 한다. 자라를 눈으로 보게 하고, 여기서 불안이 더 줄어든다면 자라를 만져도 보게 한다. 병원에 오지 않고 혼자서 실천할 수도 있지만 자라라는 단어만 들어도 기겁하는 사람이 혼자 진행하기란 쉽지 않을 테니 전문가의 도움이 필요하다.

다른 하나는 통찰 치료라고 불린다. 이는 좀 어려운 방법인데, 자라를 보고 놀랐다는 말에서 더 깊이 들어가는 것이다. 가만히 들여다본다면 문제가 자라만은 아닐 테다. 어떤 성격적인 요인 때문에 자라 사건이 트라우마가 되어 자신을 괴롭히는지 분석하여 잘못된 방어 습관을 버리고 새로운 자아 방어를 형성하도록 도울 수 있다. 좋은 방법이지만 시간이 오래 걸리고 비용도 많이 든다. 그러니 모든 사람이 이런 치료를 받을 필요는 없다.

요즘은 사회도 과학도 발달하는 속도가 빠르다. 지금까지 지켜왔던 전통적인 관습마저도 급격히 변화한다. 이런 환경에 적응하자면 마음을 보호하는 소위 '방어기제'가 더 많아야 한다. 몸을 지키기 위해 면역력이 필요하듯 마음에도 자아를 방어할 면역력이 필요하다. 한두 번의 경험이 상처로 남았다고 해서 너무 일반화하면 그와 유사한 모든 자극이 트라우마로 남게 된다. 이런 점을 자신이 스스로 직시하고 통찰할 수 있다면 전문가의 도움이 없이도 해결할 수 있다.

세상은 고통으로 가득하지만
그것을 극복하는 사람들로도 가득하다.

_미국의 사회운동가, 헬렌 켈러Helen Keller

현실로 돌아오니 TV에서는 아직도 6·25 특집 방송이 흘러나오는 중이다. 그 시절의 공포가 갑자기 엄습해서 마음을 주체하기가 어렵다. 하지만 어쩌랴, 지나간 일인데. 일생을 살면서 크고 작은 일이 많았지만 나에게는 전쟁 이상의 트라우마는 없다. 말이라도 좀 하고 나면 풀릴 텐데 이제는 공감하며 들어줄 사람이 모두 사라지고 없으니 이 또한 나에게는 트라우마다.

노망난 자의
쓸모없는 지혜

여든이 넘은 노인이 자녀들에게 둘러싸여 진료실에 찾아온 적 있었다. 당시만 해도 젊었던 내가 "어디가 불편해서 오셨습니까?"라고 물으니 할머니가 답했다.

"글쎄, 불편한 데는 없는데 애들이 하도 보채서⋯⋯."

오히려 어리둥절하다는 투로 자식놈들이 내 속도 모르면서 병원에나 가면 제일인 줄 안다고 몇 마디 나무란다. 할머니는 함께 온 자녀들을 '애들'이라고 불렀지만 아들딸 모두 마흔은 넘은 중년이다. 어쨌거나 병원에 방문한 이유가 있을 터. 흔히 노쇠하면 오는 노망이라도 있는가 싶어

할머니에게 몇 가지 진단을 해봤지만 문제는 쉽게 발견되지 않았다.

"할머니, 손이 참 고우십니다."

무슨 말이라도 시켜봐야 상황이 파악될 듯하여 아무 질문이나 던졌는데 답이 돌아왔다.

"이 손요? 이 손이 척척박사요. 의사 선생님만 박사인 줄 아시오?"

옳거니. 잘하면 손에서 실마리가 풀릴지도 모르겠다. 할머니는 손등을 한참이나 흐뭇하게 바라보더니 말씀을 이어갔다.

"요즘 애들은……."

"애들이 뭐 속상하게 하는 일 있나요?"

"아니, 손자 녀석이 하나 있는데……."

사연인즉 이렇다. 학교에도 안 들어간 늦둥이 손자가 하나 있는데 할머니 마음에는 볼 때마다 안쓰럽단다. 나는 이제 살날이 오래 남지 않았는데, 저 녀석이 이 할미 없이도 건강히 자랄까 싶어서다. 배앓이라도 하면 누가 배를 문질러주고, 눈에 티라도 들어가면 누가 뽑아주랴. 어미와 아비가 있다지만 그놈들은 그저 자식 귀한 줄만 알았지 나처럼 보살필 줄 모른다.

"이래 봬도 이 손이 만병통치약이라오. 배가 아프면 배를 문지르고 속이 막히면 등을 두드려주고. 그럼 금방 낫지요."

"그런데 뭐가 문제입니까?"

"내 말 들어보시오. 애들이 똥을 싸면 나는 그 빛깔만 봐도 알아요. 당신네들처럼 이리저리 보채지 않고도 색깔만 보고 '체했구나!'라고 알 수 있단 말이오. 그래도 잘 모를 때는 이 손가락으로 똥을 찍어 그 맛을 보면 영락없이 진단이 나오지요."

손자를 귀하게 여기는 마음이 얼마나 컸으면 똥을 다 찍어 맛을 볼까! 그런데 이번에는 이 할미가 죽을병에 들었는지 몸이 안 좋단다. 그래서 내 똥을 찍어 손자에게 맛 좀 보라고 했더니 길길이 뛰면서 할미 방에 들어오지도 않는다. 할머니 말씀으로는 똥 맛이 달면 곧 죽을 테고, 쓰면 그래도 한두 해 더 살 수 있단다.

이 모습을 지켜본 아들딸은 늙은 어머니가 그야말로 노

망이 난 게 아닌가 하여 태산 같은 걱정을 안고 병원에 찾아온 길이었다. 할머니는 그저 섭섭하다. 내가 손자 녀석 똥을 찍어 먹을 때는 아무도 안 말려놓고 이제 와서 노망이라고 하다니. 그저 늙은 나이를 서러워해야 할지 어째야 할지 모르겠단다.

자식 된 입장에서는 심각하게 찾아왔겠지만, 의사인 나에게도 영험한 민간 비방을 여럿 가지고 있는 할머니가 계셨기에 생각이 나서 슬그머니 웃었다. 내가 어렸을 때 눈에 잡티가 들어가서 엉엉 우니 나를 붙잡고 이런 주문을 외우기도 하셨다.

"까치야, 까치야, 네 새끼 미역국에 밥 말아줄게. 내 새끼 눈 속에 티를 뽑아가라. 훗세 훗세!"

이래도 해결이 안 되면 주문을 두세 번 반복했고 잡티는 영락없이 빠지고는 했다.

요즘 노인을 구분하는 나이 기준이 쑥 높아졌다. 예전에는 환갑만 넘어도 늙었다고 했는데 지금 환갑은 젊은이다. 내가 아흔 가까운 나이라서 그렇게 보이기도 하겠지만, 실제로 60살밖에 안 된 이를 '할아버지'라거나 '할머니'라고 부르면 싫어한다고 하니 나만의 생각은 아닌가 보다. 이렇게 모두가 젊게 사는 시대거늘 우리는 나이 먹은 이가 상식 밖의 행동을 하면 바로 '노망이 났다'고 여긴다. 나는 젊어서부터 이 나이가 되기까지 한 번도 노인을 추하거나 혐오스럽다고 여긴 적이 없었지만, 정작 노인의 반열에 오르고 나니 사회 분위기가 달라졌다.

노인은 세상의 변화를 따라가지 못하는 짐일 뿐이라고 여기는 젊은이가 적지 않다. 누군가 "저 사람은 늙어서 그래"라는 내색이 보이면 그렇게 서운하다. 너희의 젊음도 영원하지 않다고, 모두 언젠가는 '지난 세대'가 될 것이라고 항변해 보지만, 하기야 늙은이가 따라가기에는 세상이 너무 급격히 바뀌기는 했다.

노년이란, 당신이 모든 답을 알고 있는 데도
아무도 당신에게 질문하지 않는 때다.
_캐나다의 교육학자, 로렌스 피터 Laurence J. Peter

하루가 다르게 기술이 발전하는데 이전 세대의 지혜는 쓸모없는 소리가 되어버렸다. 아무도 할머니에게 '똥 맛을 감정해달라'고 하지 않듯이.

영원한 상실감에 대하여

미국 케네디 가문에는 비극이 많다. 이를 저주라고 표현하는 이도 있다. 미국 제35대 대통령이었던 존 케네디에게는 여러 명의 형제가 있었는데 본인과 동생 로버트는 젊은 나이에 암살되었고, 형인 조지프는 제2차 세계대전 참전 중 사망했으며, 이 외에도 형제자매와 후손 가운데 여러 명이 비행기 추락, 뇌종양, 약물 과다 등으로 숨졌다.

이런 상황에서 존 케네디의 모친인 로즈 케네디는 고령에도 불구하고 화려한 옷차림과 몸치장을 해 주위로부터 사정없이 비난받기도 했다. 꾸미고 만나야 할 사람도 딱히 없어 보이는데 왜 그러냐는 질책이었다.

그런가 하면 비슷한 시기에 살던 프랑스의 어느 노파가 자신의 아파트에서 자살한 채 발견되는 일이 있었다. 유서에 의하면 혼자 남은 고독을 이기기 어려워 이 세상을 하직한다고 했다. 노파는 고양이 한 마리와 인생무상을 달래면서 살아왔으나 갑자기 고양이가 죽어버리니 이별의 슬픔과 단절을 그만 이길 수 없었다고 한다.

세상이 무너지는 듯한 아픔이었을까? 케네디의 모친과 프랑스의 노파는 서로 반대되는 행동을 했지만 모두가 아픈 인연을 극복하는 한 방법이었으리라. 자신을 향한 연민은 나를 죽일 수도 있고 나를 새 옷 입게 할 수도 있다. 표현의 차이라고 하겠다.

≋

떠날 때가 되었으니, 이제 각자의 길을 가자.
나는 죽기 위해서, 당신들은 살기 위해.
어느 편이 더 좋은지는 오직 신만이 알 뿐이다.

_고대 그리스의 철학자, 소크라테스^{Socrates}

내가 학교에서 수업을 하던 시절, 어느 학생이 떠오른다. 이 학생은 언젠가부터 수심이 가득한 표정으로 다녀 누가 보아도 슬픈 일이 있겠거니 짐작할 만한 얼굴을 하고 있었다. 하루는 질문이 있으면 하라고 했더니 입을 열었다.

"술을 먹으면 기억을 완전히 잃어버릴 수도 있나요?"

뇌에 기질적 손상이 있으면 기억 장애가 오는데 이때 술로 인해 문제가 더 가중되기도 한다. 뇌에 손상이 없더라도 의식화하기 괴롭거나 유쾌하지 못한 생각은 억압되기 때문에 부분적으로 또는 전적으로 잊을 수도 있다. 그러나 주위에서 들려주는 이야기를 통해 기억이 차츰 되살아나기도 한다.

왜 그런 질문을 하는지 물으니 역시, 최근에 술을 먹고 흔히 '필름 끊긴다'고 하는 현상을 경험했다고 털어놓는다. 자기는 친구와 어울려 가볍게 술 한잔 마셨을 뿐인데 이후가 전혀 떠오르지 않는다는 것이다. 다만 친구의 증언을 들어보니 본인이 지하철 출입문에 붙어서 문틈에 발을 내밀었다 뺐다 하기를 반복했다고 한다. 지하철 문이 닫히다 열리다 닫히기를 거듭하느라고 몇 분이나 출발이 지연되었단다.

평소 성격이라면 자기는 절대 이런 일을 하지 않았을 것이라고 했다. 남에게 피해를 주는 행동이기도 하거니와 전기라면 지레 겁을 먹는 편인데 수천 볼트가 통하는 지하철에 위험스레 발을 들이밀 마음이 없다고 했다.

질문에 답변하고 수업을 마친 후, 나는 이 학생의 안색이 항상 어두웠다는 사실을 떠올리며 학생의 동기 한 명을 붙잡고 슬그머니 물었다. 최근 그 학생의 주변에 변화가 없었느냐고 물었더니 병석에 오랫동안 누워 계시던 어머니가 한 달 전에 돌아가셨단다.

'이것이었구나.'

어머니를 영원히 잃어버리는 상실감은 누구에게나 가슴 아픈 일이다. 자식 입장에서 어머니가 제 곁을 떠나 외톨이가 되었다는 생각은 떠올리기도 받아들이기도 어려웠을 테다. 학생은 어머니를 따라서 죽지 못하는 슬픔을 겪고 있었다. 그래서 무의식에 의해 변형된 행동으로 지하철에 발을 내밀었다 말았다 했을 것이다. 그것이 혹시 죽음으로 이끌어줄지도 모른다는 희망에, 죽음이 보내는 눈짓을 바라보며 위험에 자신을 노출시키고는 짜릿한 쾌감마저 느꼈을지 모른다.

　오스트리아의 심리학자 지그문트 프로이트^{Sigmund Freud}
는 인간에게 삶과 죽음의 본능이 있고 이 서로 다른 본능
이 공존하며 조화를 이룰 때 안정된 인격이 성숙할 수 있
다고 믿었다. 죽음의 본능이 지나쳐도 안 되지만 삶의 본
능만 지나쳐서도 안 된다. 인간은 어쩌면 죽음을 위해 살
아가는지 모르겠다.

죽음 앞에서 담담한 사람

무시무시한 고통을 겪는 환자가 있었다. 그는 몇 군데 병원을 전전하며 위암 말기일 가능성이 높다는 말을 전해 들은 상태였고 마지막으로 큰 대학병원 한 곳만 더 들러 확인해 보겠다고 하던 참이었다.

"선생님, 꼭 약속해 주십시오. 검사 결과가 어떻게 나오든 제게 솔직히 알려주신다고요."

그는 이렇게 신신당부했다. 말기 암에 대한 정보도 이미 찾아봤고 주변 정리도 시작했다는 말도 덧붙였다. 위암뿐만 아니라 정신과 진료도 함께 받던 그에게 나는 담당의로서 그러겠노라고 했지만 속으로는 어떻게 말을 꺼내야 할지 망설이고 있었다. '괜찮으니 꼭 솔직히 말해달라'는 환자의 말을 철썩같이 믿었다가 후회했다는 사례를 들은 바 있기 때문이다.

어느 동료 교수가 나이 든 수녀원장을 맡았던 적 있다. 수녀원장의 이야기를 들어보니 자신은 평생 종교 속에서 수양했으니 목숨이 다하여 하나님 앞으로 인도되어도 전혀 두렵지 않다고 했다. 그러니 자기를 속이거나 위로하려 들지 말고 사실 그대로 밝혀주기를 바랐다. 그래야 세상에 남아 있는 동안 해야 할 일을 마무리하고 신 앞에 부끄럽지 않게 설 마음의 준비를 갖추지 않겠냐고 당부했다.

진단 결과는 암이었고 6개월을 넘기기 어려워 보였다. 수녀원장의 주치의인 내 동료 교수는 의사로서 가진 신념과 환자의 신앙심을 종합해 솔직히 전달했다.

"환자분이 이 세상에 머물 수 있는 시간은 반년입니다."

지극히 비통한 발언이건만 이 말을 들은 수녀원장의 표정은 갑자기 활짝 펴졌다. 거듭 고맙다는 인사도 잊지 않았다. 말뿐만 아니라 이후 행동도 눈에 띄게 달라졌다. 매사에 감사하고 마지막 남은 힘으로 다른 환자에게 봉사했다. 행복해 보이기까지 하는 수녀원장의 모습을 보며 여러 의사가 입을 모아 "종교로 갈고닦은 사람은 어디가 달라도 다르구나"라고 평했다. 몇 개월이 지났고 임종의 날이 다가왔다. 수녀원장은 주치의에게 조용히 만나고 싶다고 했다. 그동안 자신을 돌봐준 노고에 치사하며 주치의의 손을 꼭 잡더니 이렇게 일렀고, 주치의는 상당한 충격을 받았다.

"선생님, 환자에게 죽는다는 말을 절대로 하지 마세요. 선생님에게 죽는다는 말을 전해 들은 그날부터 지금까지 얼마나 큰 불안 속에 떨었는지 몰라요. 평생을 종교 속에 살아온 내가 이러한데 다른 사람이라면⋯⋯."

수녀원장 외에도 시한부 선고가 내려지고 나서 혼란을 겪는 환자는 너무나 많다. 불교계를 넘어 사회에 널리 알려진 어느 큰스님은 병원에 누워 임종을 기다리다가 주사를 놓으러 온 간호사의 옷자락을 붙들고 살려달라고 애원했다. 큰스님에게 가르침을 받던 제자 하나가 이 광경을 목격하고는 정말 실망했다며 내게 털어놓았다. 그런데 다른 날 면회를 왔던 다른 제자는 큰스님의 얼굴에서 담담

한 기색밖에 읽지 못했다고 했다. 큰스님이 문병을 온 자신을 오히려 격려하고 위로하였다며 역시 평범한 사람과는 다르더라고 소감을 밝혔다. 어느 쪽이 스님의 본심이었을지는 알 수 없다.

이 외에도 "그동안의 삶이 너무 가식이었군요. 그런 일에 시간을 허비했다니 이제는 바꾸어야겠어요"라고 차분하게 말해놓고는 곧바로 "선생님, 살고 싶어요! 살고 싶어요!"라고 외치던 환자, 오래전 했던 장기 기증 서약을 철회했다가 다시 무르기를 반복하던 환자도 있다.

≋

인간에게 가장 고통스러운 죽음은
그가 미리 아는 죽음이다.
_고대 그리스의 시인, 바킬리데스 Bacchylides

생의 끝을 마주하게 되면 인간은 나약해질 수밖에 없는가. 정신의학 교과서는 그렇다고 한다. 사람은 자신의 죽음을 자각하는 순간 억울하거나 아쉬운 심정에 '그럴 리 없다'고 거부한다. 그러다가 시간이 지나고 나서야 누구도 죽음을 피할 수 없다는 진리를 받아들이며 우울증에 걸린다. 그래도 이 우울증은 잠시다. 누구나 가는 그 길을 나도 갈 뿐이라는 단계에 이르면 불안이 사그라들고 평온이 찾아온다. 앞서 이야기한 큰스님을 만난 첫 번째 제자는 '부정의 단계'에서, 두 번째 제자는 '인정의 단계'에서 스님을 만났으리라.

잘 알던 이가 숨을 거두었다는 소식에 조문을 갔다. 빈소에 앉은 문상객들이 "참 좋던 분이 가셨네" "생전에 바르던 분이지"라며 두런두런 대화를 나눈다. 이런 말을 들으면서 언젠가 내가 떠나면 세상에 남은 이들이 나를 두고 뭐라고 이야기할지 떠올려본다. 훌륭한 본보기가 되지는 못하더라도 그럭저럭 괜찮았다는 평은 듣고 싶은 것이 사람 욕심이다. 어떻게 떠나야 잘 떠났다고 하려나. 누군가는 죽음을 담담히 받아들이는 연습을 하라고 하지만 그런 죽음이 있을 리 없다. 본능이 일으키는 공포를 억누르려 무던히 애쓸 뿐이다.

나의 어머니가 떠나시던 때를 떠올려본다. 병상에 누워 계시던 어머니가 하루는 나를 불러 몇 가지 유언을 남기셨다. 지키기 어려운 내용이 아니었는데도 이런 단서를 붙이셨다.

"내가 죽음에 더 가까이 가면 정신이 혼미해지거나 판단력이 흐려질지 모른다. 그러니 앞으로는 어떤 말을 하더라도 듣지 말고 지금 내가 한 유언만을 지키거라."

나는 어머니의 이 말씀을 지금까지도 깊이 간직하고 있다. 죽음을 향해 가는 동안 한결같기란 쉽지 않겠지만 우리에게는 인간으로서 존엄을 지킬 수 있는 시간이 몇 번 정도는 주어질 것이다. 그때의 나는 무엇을 약속하고 떠나게 될까. 고민해 볼 일이다.

모든 게
내 탓인 것만 같다면

미국에 거주 중인 한국인 여성이 친자식을 살해한 죄로 감옥에 간 사건이 있었다. 이 여성이 아이를 학대한 끝에 죽였다는 재판 결과가 내려진 결정적 이유는 여성의 자백이었다. 그녀는 수사관 앞에서 이렇게 말했다.

"I killed my son(내가 내 아들을 죽였어요)."

그런데 자기 입으로 죄를 털어놓은 사람치고 그녀의 태도는 이상했다. 수감된 이후에도 계속해서 억울하다고 주장했다. 그녀를 잘 아는 주변인들도 입을 모아 그녀가 그럴 사람이 아니라고 말했다.

진실은 이러했다. 그녀는 남편 없이 두 아이를 혼자 양육해야 하는 처지였다. 게다가 영어도 어눌해서 고급 일자리를 얻기란 불가능했다. 경제적으로 궁핍한 가운데 어쩔 수 없이 두 아이만 집, 정확히는 저렴하게 빌린 임대 숙소에 남겨두고 근처 바에서 일했다. 그런데 보호자 없이 지내던 두 아이 중 하나가 커다란 가구에 매달렸다가 가구가 넘어지며 깔리는 참사를 당한 것이다.

자신이 아들을 죽였다는 여성의 자백도 사실이 아니었다. 그건 범죄를 인정해서 나온 발언이 아니라, 한국 부모라면 흔히 하는 '자책'이었다. 내 아이에게 무슨 일이라도 생기면 "다 내 탓이야. 내가 못나서 이런 일이 생겼어"라고 말하는 어머니는 우리 주변에서 흔히 볼 수 있다. 그러나 미국에서는 이렇게 표현하지 않는다. 그러니 미국인 수사관은 "I killed my son"을 범죄 고백으로 받아들일 수밖에 없었다.

엄밀히 말해서 본인 때문에 벌어진 일이 아닌데도 자신을 탓하는 문화는 한국뿐만 아니라 동양 사회에서 흔히 발견된다. 실패할 때마다 내가 부족해서 이렇게 되었다고 입버릇처럼 내뱉는다. 우리 정서상 책임감이 강한 사람이라거나 겸허히 받아들이는 사람이라고 평가받기도 하지만 과도한 내 탓은 결코 건강한 태도가 아니다.

정신과에서 진료를 보며 마주한 '내 탓이오' 스타일을 돌이켜보면 몇 가지 공통점이 보인다.

첫째, 자존감이 약하고 열등감은 강해서 자신을 깎아내리는 방식으로 방어하려는 유형이다.

둘째, 양심이 지나치게 발달한 경우로, 조그마한 비양심적 일조차 스스로 용납하지 못하니 만사가 내 탓일 수밖에 없다.

셋째, 패배감으로 가득 찬 우울증 환자다. 이 패배감을 이길 수 없어 지레 내 탓이라고 항복해 버린다.

학술적 분류는 아니고 내가 임상에서 추리한 결과지만 어쨌든 본인 탓을 방패 삼아 살아남고자 하는 메커니즘이 공통점이다. 무엇이든 지나치면 탈이 난다. 자기 탓이 심한 사람이 왜 문제냐고 한다면, 이런 사람을 가까이에서 겪어보지 않았기에 하는 말이다. 남 탓하는 사람이 그러하듯 내 탓하는 사람도 실패의 진짜 원인을 바라보지 못한다. 당연히 삶에 개선과 발전이 없다.

한번은 모임에서 만난 지인과 식사를 하게 되었다. 잘 아는 동네가 아니었기에 가까운 아무 식당에 들어갔는데 완전히 꽝이었다. 주문과 다른 메뉴가 나왔는데 사장이 "그냥 드시죠. 비슷한 건데"라며 시큰둥하게 답했다. 심지어 맛도 미묘했다. 그런데 지인이 무척 당황한 표정을 지으며 내게 사과했다.

"어쩌죠. 제가 이래요. 밥집 하나도 제대로 못 고른다니까요."

지인이 잘못해서 벌어진 일이 아니라고 위로했지만 그는 거듭 사과했다.

"어휴, 저 때문에 오늘 기분 망치시지는 않았는지 모르겠어요. 제가 누를 끼쳤네요. 실망하셨죠?"

이후로도 몇 분 동안 이런 대화가 이어졌다. 처음에는 '괜찮다. 당신 탓이 아니다'라고 답했지만 이런 말도 한두 번이지 수십 번을 반복하려면 지친다. 잘못하면 체하겠다 싶어서 밥술을 뜨는 둥 마는 둥 했다.

이런 성향이 심해지면 정신장애로 이어지기도 한다. 과도한 내 탓과 남 탓은 겉으로 정반대처럼 보이지만 근본은 동일하니, 자기가 처한 상황에서 살아남으려는 극단적 몸부림이라고 하겠다. 앞서 내 탓의 이유 중 하나가 열등감이라고 했다. 수십 년을 살아보니 세상에는 그렇게 잘난 사람도, 못난 사람도 없었다. 그런데 열등감이 심한 사람은 이렇게 말한다.

"제 주장을 말하면 옆에서 저를 욕할 것 같아요."

욕하려면 욕하라고 해라. 싫은 소리 좀 들으면 어떠한가. 죽기 전에 자리에 누워 나를 욕한 사람을 떠올릴까, 아니면 단 한 번도 내 뜻대로 살지 못한 자신을 떠올릴까. 세상은 어차피 내 멋에 사는 것이다.

$\approx\approx\approx$

행복해지려면
미움받을 용기도 있어야 한다.

_오스트리아의 정신의학자, 알프레드 아들러Alfred Adler

열등감에서 벗어나라는 말이 자아도취에 빠지라는 뜻은 아니다. '나는 완벽하기 때문에 좋은 사람이야'가 아니라 '나는 부족한 면이 있지만 그럼에도 불구하고 좋은 사람이야'여야 한다. 때로는 잘못된 말이나 행동을 하지만 나 스스로는 그것이 실수였다는 것을 안다. 그럼 됐다. 악한 의도에서 벌인 일이 아니지 않은가. 지나친 양심과 과도한 도덕적 기준을 내려놓고 나 자신에게 너그러워지자. 진인사대천명盡人事待天命이라고 했다. 할 수 있는 일을 다 했다면 그다음은 하늘의 몫이다.

왜 우리는 불행의 이유를
타인에게서 찾을까

앞서 자식의 죽음이 자신의 탓이라 말한 여자의 이야기를 했는데, 사실 일반적인 상황이라면 일이 잘못되었을 때 본인을 탓하는 사람은 드물다. 대부분 상대나 환경에 원인이 있다고 돌린다. 무엇도 원망하지 않는 이도 있겠지만 인간의 보편적 속성이 그렇다는 뜻이다. 매번 자기 자신을 탓하기란 너무도 괴롭다. 그러니 우리는 자아를 보호하기 위해 남 탓을 하고, 여의치 않으면 옛적에 돌아가신 조상이라도 들먹이며 탓한다.

나는 대학교 입학시험에서 낙방한 적이 있다. 실력이 모

자랐으니 떨어졌겠지만, 이렇게 아주 쉽고 간단한 사실을 깨닫기까지는 근 10개월이 걸렸다. 나중에 돌아보니 그 시절 나는 '내 실력이 모자랐다'고 인정하기 싫어서 채점이 잘못되었다고 믿고 있었다. 나름의 이유도 있었다. 같은 학교를 동시에 지원한 친구가 여럿 있었는데 그 가운데 평소 성적은 내가 제일 좋았다. 그러니 더욱 자존심 상할 일이었다.

어쨌거나 그 시절에는 재수생을 교육하는 학원이 따로 없었기에 나는 절에 들어가 혼자서 공부했다. 가을이 되자 절 한가운데 있는 감나무에 열매가 풍성하게 열렸다. 다같이 모여 긴 장대를 들고 감을 따는데 나도 거들게 되었다. 처음에는 낮은 곳에 매달린 감부터 시작해 점점 위로 올라갔고 이윽고 장대로 딸 수 있는 높이에 있는 감은 모두 거두었다. 그보다 높은 데 달린 감은 어떻게 해도 장대가 닿지 않아 포기하고는 넋을 놓고 바라보았는데, 그 순간 깨달음이 찾아왔다. 내가 대학에 가지 못한 까닭은 내 실력이 부족했기 때문이라는 단순하고 평범한 사실이었다.

남 이야기라고 치면 무려 10개월이나 걸려서 풀릴 문제가 아니었다. 누구 탓도 할 필요 없는 일인데 열 달이나 고생 또 고생해서 진리를 얻었다. '감을 따려는데 장대의 길이가 모자라니 감을 딸 수 없구나.' '나도 대학에 가려고 했는데 성적이 모자라니 합격을 할 수 없었구나.' 참 어리석고 우둔한 생각을 오래도 했다.

≈≈≈

진실은 언제나 우리의 가장 가까운 곳에 있다.
다만 사람들이 그것에 주의하지 않았을 뿐이다.

_프랑스의 수학자, 블레즈 파스칼Blaise Pascal

남 탓은 아무것도 해결해 주지 않는다는 점은 대학 졸업 후 수련의를 하면서 한 번 더 확인하게 되었다. 본격적으로 환자를 보기 시작하며 대화를 나눠보니 남 탓을 하는 사람이 그렇게 많다. 내가 보기에는 자기 문제인데 한결같이 남 탓으로 돌린다. 심지어 "내가 불행한 이유는 내 부모가 나를 낳았기 때문"이라며 부모를 못살게 구는 이도 있었다.

이 어처구니없는 논리에 당시 나는 무척이나 놀랐다. 최근 젊은이 사이에서 '낳음을 당했다'는 말이 유행처럼 퍼지기도 했다고 하니 안타깝고 또 안타까운 일이다. 자기가 받은 상처를 직면하기 두려워서 남 탓을 하는 습관이 들면 의심증이나 망상증으로 이어지기 쉽다. 반면 과도한 남 탓을 버리는 습관을 들이면 자기가 처한 상황을 객관적으로 돌아보는 능력을 기를 수 있다.

길게는 3개월, 짧게는 2주일 단위로 총 여덟 번이나 입원한 환자가 있었다. 같은 병실에 머무는 다른 환자가 무엇을 물어도 대답하지 않는다. 함께 어울리는 일도 드물고 그저 책만 읽는다. 진짜로 책을 읽는다기보다는 다른 사람과 어울리지 않기 위해 책 읽는 시늉이라도 하는 식이다. 그는 자신이 환자라고 절대 생각하지 않았다. 아버지가 의사와 짜고 자기를 병원에 밀어 넣었다고 믿고 있었다.

"그럼 아버지는 왜 비싼 입원비를 부담하면서까지 당신을 입원시켰을까요?"

"정말 그래요. 왜 비싼 돈 내고 나를 여기 두려는지 이

해가 안 돼요. 다 아버지 탓이에요."

그가 한 발자국 멀리 내다볼 수 있도록 거들어 보아도 그는 이렇게 답한다. 조금도 빈틈이 없다. 내가 던진 질문을 자아 성찰의 계기로 삼으려 하지 않고 자신의 욕구에 맞추어 해석한다. 아버지 때문에 내가 이렇다는 그의 논리는 '나는 항상 옳고 잘못은 언제나 남에게 있다'는 인식에 기초하고 있었다.

또 다른 환자인 어느 여학생은 몇 개월의 병상 생활을 거쳐 기쁘게 퇴원하고 외래로 통원 치료만 받고 있었다. 일주일에 한 번 정도 내게 들렀는데 자기를 치료해 줘서 고맙다는 생각과 동시에 의사인 나 때문에 자기 앞날이 캄캄해졌다고 여겼다. 내가 자기를 입원시키지 않았다면 지금처럼 통원할 필요도, 병력이 남을 이유도 없다는 생각이었다.

내가 진료실에서 이 여학생과 마주 보고 앉아 있노라면 이따금 그녀의 예쁘장한 이마와 콧잔등에서 땀방울이 송송 솟아올랐다. 그러면 나는 '아! 올 것이 왔구나!'라며 캄캄한 기분을 느껴야 했다. 그녀는 이럴 때마다 핸드백에 손을 넣고 무언가를 만지작거렸는데, 그 물건이 무엇인지 그리고 그녀가 무슨 생각을 하고 있는지 바로 직감할 수 있었기 때문이다. 핸드백에 든 물건은 주먹만 한 돌멩이로, 그녀의 표정은 이렇게 외치고 있었다.

'저 의사 놈의 골통을 부숴버릴까 보다. 나를 이 꼴로 만든 녀석이 바로 네 놈이지.'

정신의학에서는 남 탓하는 습관을 멋들어지게 '합리화'라든지 '투사'라는 용어로 설명한다. 쉽게 말해서 어떤 상황에 몰린 책임을 모면하기 위해 없는 사실도 엮어 다른 사람에게 뒤집어씌운다고 하겠다. 이런 태도로 살면 잠깐은 편하다. 언제나 마음이 떳떳하고 당당할 수 있다. 그러나 현실이 바뀌는 데는 일말의 도움도 되지 않는다.

남 탓에 능통한 사람일수록 자기반성이 부족하기에 스스로를 개선하려는 노력을 기울이지 않게 되므로 돈 문제든 사람 문제든 점점 더 악화시키기 마련이다. 시험에 떨어진 후에 채점관만 탓해서는 평생 수험 생활에서 벗어나지 못하는 법이다.

감당할 수 없는
욕망의 무게

'만약'이라는 가정을 이해하지 못하는 환자가 있었다. "여기 사과가 다섯 개 있다고 해봅시다. 그중에서 세 개를 먹었다면 몇 개가 남았지요?"

환자에게 물으니 한참을 고민하다가 이렇게 답한다.

"여기는 아무것도 없는데요."

한번은 연말을 맞아 어느 극단에서 병원으로 위문 공연을 왔다. 등장인물이 어려운 처지에 놓이게 되는 사연을 풀어내고 있는데 이 환자가 크게 감명받았는지 벌떡 일어섰다. 그러고는 나에게 와서 돈을 좀 빌려달라고 했다. 주머니에서 몇 푼 꺼내 건넸더니 연극 무대 위로 올라가 자선함, 그러나 사실은 소품인 자선함에 가진 돈을 탈탈 털어넣는다. 문제는 연극이 끝나고 나서였다. 환자는 "저 사기꾼들이 나를 속였다"라며 노발대발했다. 연기자가 연극을 한다는 개념이 그에게는 결여된 것이었다.

인간의 발달을 살펴보면 갓난아기 시절에는 눈앞에 보이는 대상만 인지한다. 그러다가 두뇌가 발달하면서 내게는 보이지 않는 대상도 여전히 존재할 수 있다는 사실을 깨닫는다. 이를 놀이로 표현하자면 '까꿍'이다. 엄마가 손으로 얼굴을 가렸다가 드러내기를 반복하면 아이는 순간적으로 사라졌지만 곧 다시 등장할 엄마의 존재를 느끼고 즐거워한다.

그런데 요즘 우리 사회에는 정신건강에 문제가 없는 성인조차도 눈에 보이는 물질만 인식하는 듯하다. 현금, 아파트, 외제 자동차는 그렇게 좋아하면서 건강이나 행복 같은 소리를 하면 멀뚱히 쳐다본다.

한 중년 여성이 떠오른다. 이 여성은 늘 가난에 시달리고 있었다. 아니, 정확하게 말하자면 그런 망상에 사로잡혀 있었다. "제게는 고작 이것밖에 없어요"라며 눈물을 흘리지만 여성의 손에 들린 현금과 수표만 해도 평범한 서민의 전 재산보다 많은 금액이다. 그런데도 여성은 온 가족을 들들 볶았다. 한겨울에도 난방을 전혀 하지 못하게 했고, 쌀은 도매 창고 수준으로 쟁여놓고도 먹지 못하게 했다.

눈에 보이는 것에 집착하는 사람 중에는 조금 다른 유형도 있다. 이번에는 중년 남성이다. 그는 두통과 소화불량을 겪고 있었는데 내과에서는 아무 문제가 없으니 정신과를 가보라고 했단다. 나를 만나 인사를 건네며 그는 명함을 한 장 꺼내어주었다. 그런데 명함이 앞뒤로 새까맣다. 세어보지 않았지만 직함이 수십 개는 족히 되겠다 싶었다.

적혀 있는 회사와 단체를 하루에 하나씩만 방문해도 한달이 부족할 텐데 그는 과연 그 많은 직책을 다 처리하고 있을까? 나는 의구심이 들었고 아무리 봐도 유지 불가능해 보이는 그의 활동 이력을 보며 두통과 소화불량이 어디에서 왔는지 깨달을 수 있었다.

욕망이 작으면 작을수록 인생은 행복하다.

이 말은 낡았지만 결코 모든 사람이

다 안다고 할 수 없는 진리다.

_러시아의 소설가, 레프 톨스토이|Leo Tolstoy

이런 식으로 집착을 보이는 사람은 주변에도 흔하다. 중학교에 고등학교, 대학교까지 함께 다닌 한 친구가 있었다. 학교 수업이 끝나면 같이 산을 오르기도 하고 시문학 연구회를 만들어 함께 문학을 이야기하기도 했다. 그러다가 사회에 나왔는데 이 친구는 여러 사업에 종사했지만 크게 재미를 보지는 못했다. 그러니 자연스럽게 주변 친구나 후배 또는 친지로부터 신세를 많이 졌는가 보다. 계속되는 실패에 그의 인간관계는 모두 악연으로 작용했고 점점 외로워졌다.

사실 이 친구는 굉장한 아이디어 뱅크였고 당시로서는 상상하기 힘든 비즈니스 아이템을 가지고 끊임없이 계획을 세웠다. 하지만 이상하게도 일은 풀리지 않았으며 어쩔 수 없이 남의 손에 넘기는 일이 다반사였는데, 희한하게도 인계 후에는 하나같이 흥했다.

사정이 이렇다 보니 친구는 갈수록 돈과 성공에 목을 맸다. 그는 사회에 나와 사업을 시작하기 전에는 문학을 사랑했고 재능도 있어서 등단까지 했던 명실상부한 시인이었다. 나는 의사로 일하며 시 낭송회들을 만들어 매월 모임을 가졌는데 이 친구를 시인으로 초청하여 모임에서 함께 담소를 나누고 싶었다. 전화해서 초청 시인으로 부르고 싶다고 알렸더니 흔쾌히 승낙했다. 그러나 막상 모임이 있는 날이 되면 바쁜 사정이 생겨 참석할 수가 없다고 통보가 왔다. 이런 일이 매번 있었고 결국 그는 얼굴을 비치지 못했다. 그렇게 차일피일 미루다가 그는 덜컥 세상을 타계했다.

한편으로 생각하자면 항상 무언가에 쫓기는 듯이 불안한 마음으로 살았을 친구의 사정을 모를 리 없으나, 또 다른 한편으로 생각하자면 안타까울 뿐이다. 그가 여러 번의 실패를 거듭했다고는 하나 밥을 굶을 처지는 아니었는데도 그는 눈에 보이는 성공을 좇기 위해 삶의 많은 부분

들을 포기하며 살아왔다. 오래된 인연, 소소한 수다를 떨 지인, 잠깐 차를 마실 여유, 이런 일상은 그의 삶에서 제거 되었다.

그렇다면 나는 어떤 가치를 지향하며 살았을까. 이 나이 가 되니 문득문득 지난 삶을 되돌아보게 된다. 한가한 시 간이면 내가 걸어온 삶의 궤적을 되돌아보는 기회가 잦아 진 탓이다. 하나의 가치나 신념을 일부러 의식하고 살았던 적은 없지만 그래도 무언가 떠오를 듯, 말 듯하다. 손에 잡 히는 확실한 것은 별로 없다. 그래도 하나 꼽아보라면 다 른 사람과 함께하는 시간을 꾸준히 가져왔던 것 같다. 앞 서 말한 시 낭송회 말고도 이런저런 모임을 가졌고, 광명 보육원이나 불교 상담개발원에서 자리를 맡아 활동하기도 했다.

1982년부터 최근까지 40여 년이라는 세월 동안 네팔로 의료봉사를 다니면서 교류하기도 했으니 국내외를 가리지 않고 넓게 만나고 다녔다고 하겠다. 누군가는 이런 내 모 습을 보며 "좋은 일을 많이 하시네요"라고 말하는데 시작할 때만 해도 일이 이렇게 오래도록 지속될 줄은 몰랐다. 새삼 놀랍고 신통한 일이다.

의사로 일하고 교수로 일하면서 돈이 없어 배를 주린 적은 없지만 그렇다고 해서 큰 부를 거머쥔 적도 없다. 나라는 사람이 살았던 흔적을 증거로 내밀라고 한다면 지금 살고 있는 집과 매일 입을 옷가지 정도가 있을 뿐이다. 하지만 보이지 않는 증거라면 차고 넘친다.

보육원에서 알게 된 빛나는 아이들, 네팔에서 의료봉사를 하며 만난 수많은 인연들, 그리고 매일을 함께하는 가족들이 나를 증언해 줄 것이다.

'순간순간을 소중히 여기다 보면 긴 세월은 저절로 흘러간다.'

아일랜드 소설가 마리아 에지워스Maria Edgeworth가 남긴 말이다. 사람들이 삶을 살아가는 모습은 정말 다양하다. 쉽게 사는 사람, 어렵게 사는 사람, 평범하게 사는 사람, 남과 같이 시간을 보내는 사람 등 수많은 선택지 가운데 과연 무엇이 올바른지는 그 누구도 평가할 수 없다. 다만 한 가지 덧붙이자면 당장 눈앞에 보이는 결과에만 집중하

다가는 소중히 했어야 할 순간을 모두 흘려보내게 될 것이
라는 사실이다.

2부 ──────── 백만 가지 참견 속에서도
끝끝내 '나'로 살아가리

If you think there

nothing mor

부주의한 칭찬과
경솔한 비판

돌팔이. 원래는 일정한 주소 없이 떠돌아다니면서 물건이나 기술을 파는 사람을 이른다고 하지만 실제로는 조금 다르게 쓰인다. 의사에게 돌팔이라고 부르면 의술이 변변치 못하다고 욕하는 셈이니 말하자면 돌팔이는 명의의 반대라고 하겠다. 의대를 갓 나와 인턴을 돌 때 나는 스스로를 명의라고 생각했다. 나 말고도 주변의 많은 동료가 그렇게 생각하고 있었다. 나중에 돌아보면 그건 명의라기보다는 의사가 되었다는 자부심이었다고 표현해야 옳겠지만 말이다.

이후 임상을 거쳐 경험을 한참 쌓았으니 '이제는 명의가되었다'고 자신 있게 자평할 수 있어야 할 텐데 오히려 경력이 늘어날수록 내 고개는 숙여졌다. 코흘리개 시절부터알던 친구 녀석들이 나를 돌팔이라 부르는 것은 괜찮다.나도 어엿한 사장이 된 친구에게 "네가 사장이면 나는 대통령이다"라고 맞받아치니까.

　그런데 환자가 그렇게 부를 때는 사정이 달라진다. 한여성이 강제로 실려 왔다. 갑자기 횡설수설하며 신들린 사람처럼 날뛰는 바람에 온 집안과 이웃이 발칵 뒤집혔다고했다. 밤낮을 가리지 않고 흥분하는 통에 보호자는 급히응급차를 구해 병원으로 환자를 끌고 왔다. 한 일주일쯤지났을까. 환자는 아주 가끔이나마 흥분을 가라앉힐 수있게 되었다. 그런데 보호자가 느닷없이 다른 병원으로 옮기겠다고 한다.

　"이 병원에서는 나을 거 같지가 않네요."

　그의 말에서 담당의인 나를 향한 불신이 느껴진다. 이보호자가 다음 병원에서 나를 돌팔이였다고 소개할 모습이 눈에 선하다.

그런가 하면 이런 일도 있었다. 흥분도가 높았던 앞의 환자와는 반대로 산송장마냥 숨만 몰아쉬는 환자가 왔다. 무슨 자극을 받고 나서부터 이렇게 되었다는데 아예 눈도 감고 말도 없이 꼼짝 않는다. 이는 정신 분열증 가운데 긴장형에서 볼 수 있는 전형적 형태다. 자세히 문진했더니 이미 다른 병원에서 입원 치료를 일주일간 받았다고 한다. 그런데 차도가 전혀 없고 증세가 더 심해지는 것만 같아서 퇴원시키고 여기로 옮겼다고 했다. 약 10회 정도 전기 충격 치료를 실행하니 혼자 일어나 걷고 세수하고 밥 먹고 말도 한다. 보호자는 연신 내게 고맙다는 말을 하면서 덧붙인다.

"먼젓번에 갔던 병원은 완전 돌팔이였어요. 입으로만 괜찮아질 거라고 하는데 하나도 안 괜찮았잖아요."

보호자의 말을 듣고 나는 이름도 얼굴도 모르는 전임 담당의에게 묘한 동질감을 느꼈다. 의사는 자기 자신을 돌팔이나 명의라고 구분하지 않는다. 대신 환자와 보호자가 의사를 평가한다. 어째서 누군가는 돌팔이가 되고 누군가는 명의가 되는가.

부주의한 칭찬은 부주의한 비난과 마찬가지로
적지 않은 해로움을 빚어낸다.
그리고 가장 큰 해로움은
비난 속에서 이루어지는 법이다.

_영국의 미술평론가, 존 러스킨John Ruskin

다시 인턴 시절로 돌아가 보자. 때는 추석이라 대부분
의 인원이 모두 나에게 뒷일을 맡기고 집으로 갔다. 텅 빈
응급실에 앉아 시간을 보내는데 산부인과에서 연락이 왔
다. 산모 하나가 이완성 출혈로 쇼크에 빠졌다고 했다. 나
는 산부인과 인턴을 돈 경험이 없었기에 학교에서 배운 지
식이 가진 전부였다. 경험 많은 간호사의 도움을 받아 급
한 처치만 끝냈다.

하지만 이게 잘된 수습인지 아닌지 마음이 불안하다. 교
수님도 안 계시고 레지던트 선생님도 성묘 가고 없었다.
급한 김에 나는 근방에서 개업하고 오랫동안 진료 중인 선
배 한 분에게 전화를 걸었다. 사정을 설명하고 어떻게 좀

도와달라고 하니 내가 무슨 조치를 했는지 말해보란다. 그래서 이렇게 저렇게 주사를 놓고 약을 썼다고 일러바쳤다. 다 듣고 난 선배는 간결히 한마디 남겼다.

"그럼 기다려라."

처치할 것은 다 한 것으로 보이니 약효가 서서히 일어날 때까지 기다리라는 뜻이었다. 당연한 수순이지만 나는 너무 당황한 나머지 그럴 침착함을 잃고 있었다. 그 사이 우리 병원의 산부인과 교수님께 연락이 닿았고 두어 시간 만에 황급히 도착했다. 여러 가지를 살피고 진찰하더니 내게 "이 선생이 잘해두었네"라고 칭찬했다.

아무리 봐도 그때의 나는 돌팔이였지만 순식간에 명의의 칭호를 달았다. 돌팔이와 명의는 따로 있는 것이 아니었다. 기다려주는 환자와 보호자 앞에서는 명의가 되고, 그렇지 않으면 돌팔이가 될 따름이었다. 오랜 의사 생활 끝에 나는 명의라는 말에도 들뜨지 않고 돌팔이라는 말에도 서운하지 않게 되었다. 그저 성실한 치료자로 남을 뿐이다.

타인의 평가에 휘둘리지 않고 내 할 일에만 집중하기란

얼마나 어려운가. 이는 전문 지식이 많다고 되는 일도 아니고 시간이 흐른다고 그저 얻어지는 태도도 아니었다. 환자가 평생 겪을 기나긴 치료의 과정에서 나와의 인연이 어느 시점에 닿았는지에 따라 나의 평판이 결정될 뿐임을 깨닫고 나서야 나는 자유로워질 수 있었다.

모든 것은 오직
마음의 문제

　나는 자녀들과 한집에 모여 살고 있다. 아이들이 각자 결혼해서 가정을 이루었지만 한 지붕 아래에서 때로는 같이, 때로는 따로 지내는 셈이다. 가끔 온 가족이 모여 한 끼 밥이라도 먹는 날이면 이러저러한 주제가 이야깃거리로 나온다. 그런데 서로 주장이 달라 합의된 결론 따위는 나지 않는다. 한번은 나와 아내, 큰아들이 TV를 보다가 말이 길어졌다. 출연자 몇 명이 함께 여행하는 프로그램이었는데 '오늘 일정 중에 무엇이 제일 중요하느냐'라며 갈등이 불거진 참이었다.

화면을 보던 나는 "사람 생각이 다 똑같을 리가 없지"라고 말했다. 내가 이렇게 말한 데는 다 이유가 있다. 나는 환자를 보는 정신과 의사다. 마음이 어지러운 이들이 나를 찾는다. 그런데 하나같이 '제 마음은 아무도 몰라줘요'라고 주장하니 나는 이렇게 생각할 수밖에 없다. 사람의 마음이 붕어빵처럼 모두 똑같다면야 정신과 의사가 대신 고민할 필요가 있겠는가. 전 세계 인구가 75억 명이나 된다고 하니 성격의 개수도 75억 가지는 된다고 봐야 한다. 그러니 정신과 의사 노릇 하기가 그리 쉽지 않다.

그런데 이를 듣던 아내가 반박한다.

"우리나라 사람들은 꼭 저래. 여행 가서 유명한 관광지를 안 둘러보면 큰일인 줄 알아."

아내는 사회학을 전공했다. 가족이나 사회와 같은 구조적 문제가 개인에게 주는 영향이 크다고 주장하는 부류다. 나는 개인의 마음이 얼마나 변화무쌍한지 보여주려는데 아내는 자꾸만 딴지를 건다. 아무리 개인이 중심이라 하더라도 그 개인을 둘러싸고 있는 가족이나 사회의 영향을 받지 않고 살 수 있겠냐는 말이다. 옳은 말이지만 나도 나름의 논리가 있어 내가 한창 공부할 때 크게 유행했던 프로이트니 융이니 하는 가설을 끌어온다. 나와 아내가 간만에 의견 차를 벌리며 입씨름을 이어가려는데 큰아들이 끼어든다.

"그게 뭐 그리 중요하나요."

그렇다. 큰아들은 경계 없는 우주를 논하는 천문학도다. 우리 두 사람의 토론을 단칼에 평정해 버리는 일갈이 있다면 이 천문학도의 난해한 이론이다. 요즘 천문학은 내가 젊었을 때와는 아예 다른 분야가 되어버렸다. 과거에는 몇 세기 동안 걸쳐 발전하던 수준의 성과가 단 몇 년 사이에 이뤄진다. 증거를 찾고 가설을 증명하는 속도가 얼마나 빠른지 눈이 부실 정도다.

게다가 다루는 범위는 얼마나 넓은가. 인류가 태어나기 훨씬 이전부터 존재한 우주 공간, 빅뱅이라는 현상을 통해 태양계가 생기고 소멸하는 과정을 다룬단다. 까마득한 옛날에는 인간의 지각에 태양계만 있었는데 지금은 태양계 같은 공간이 수백 수천 개도 넘는다고 하니 어마어마하다. 큰아들의 일장연설을 듣다 보면 '그럼 빅뱅 이전의 우주는 무엇인가 하는 궁금증이 든다. 우주가 특정한 시점에 탄생했다니. 그럼 그전에는 본래 우주가 없었단 말인가. 없었다면 무無라는 뜻인데 가만히 보면 무 자체가 존재 아니겠는가. 이쯤 머리를 굴리다 보면 골치가 아프다. 역시 우리 내외의 언쟁을 일거에 제압할 수 있는 것은 천문학자의 말밖에 없다.

비록 사회학자와 천문학자를 설득하는 데는 실패했으나 '개인의 마음이란 무엇인가에 대한 나의 고민이 얕았던 것은 아니다. 정신의학을 공부했다면 학생 때부터 품어왔을 법한 질문이기 때문이다. 나는 수련의 시절, 마음은 본래 있는 것으로 생각해서 의문을 가지지 않았다. 사람과 사람 사이에서 일어나는 대인관계 갈등이나 고통을 이해하는 데도 그렇게 고민하지 않았다. 어쩌다 임상적으로 풀지 못할 일이 생기면 주임 교수에게 도움을 청해 가르침을 받았다.

그런데 주임 교수란 인물은 참 독특한 면이 있었다. 그는 학문적으로나 인간적으로나 내가 만난 최초의 정신과 의사이자 스승이었다. 나는 의과대학 졸업반 때부터 수련의를 마칠 때까지 주임 교수 가까이에서 가르침을 받을 수 있었다. 그를 떠올리면 누구나 느끼는 공통점이 있었는데 그에게는 질문을 하기가 두렵다는 점이었다. 호통을 친다거나 해서 달리 두려운 것이 아니라, 그에게는 질문을 하나마나 똑같다고 생각했다. 질문 내용에는 관계없이 그는 항상 같은 답변만 반복했다.

"그건 네 문제다."

처음에는 퍽 용하다고 느꼈다. 세상 무슨 일이든 자기 자신의 경험이나 사고, 감정이 뒷받침되지 않는 경우가 있겠는가. 같은 설명을 들어도 듣는 이가 자기의 감정과 경험 수준에서 받아들이므로 여러 사람 앞에서 똑같은 이야기를 한들 누구도 똑같이 이해할 수 없는 원리가 바로 여기에 있다. 내 스승은 언제 어디 어떤 환경에서든 "그건 네 문제다"라는 말을 연발했다. 차차 나는 '정신과 의사 노릇하는 것이 그렇게 어려운 일이 아니구나'라며 겉멋이 들었다. 친구나 환자를 만나면 나도 으레 "그건 네 문제다" 하고 흉내 내기 시작했다.

설익은 풋과실처럼 스승의 말을 따라 하던 내가 그 말

의 참뜻을 어렴풋이 깨닫게 된 사건이 있었다. 우연히 어떤 큰스님의 일화를 듣게 되었는데 그 큰스님이 내 스승과 너무 닮아 있었기 때문이다.

오래전 어느 젊은이가 수양을 하기 위해 큰스님 밑에 제자로 들어갔다. 그런데 큰스님의 별명은 몽둥이 스님으로 제자가 무엇을 질문하기만 하면 질문 한 가지에 몽둥이 열 대를 때렸다. 속이 상한 제자가 '맞아봤자 얼마나 맞겠나' 싶어 질문을 하고 또 했다. 결과는 매만 실컷 맞고 좋은 말씀은 한마디도 듣지 못했다. 그런데 이웃 절에는 하나를 물으면 열 가지를 대답해 주는 큰스님이 있다고 했다. 제자는 이웃 절을 찾아가 매 맞은 일을 하소연하면서 가르침을 주시기를 청했다. 이웃 절의 큰스님은 이런 내력을 다 듣고 나더니 갑자기 몽둥이를 흔들면서 탄식했다.

"너를 사랑해서 깨우치라고 그렇게 두들겼는데 미련하게 그것을 알지 못하는구나!"

내게는 이웃 절의 큰스님이 계시지 않았고, 나는 수련의를 마칠 때까지 주임 교수님께 "그것은 네 문제다"라는 대답만 하염없이 들어야 했으나 그때까지도 정확한 뜻은 알지 못하였다. 실전 경험을 쌓으면서 스승의 말씀을 일체유심조一切唯心造(모든 것은 오직 마음이 지어내는 것이다)로 풀이해 보기도 했으나 명쾌하지는 않았다.

그러다가 수십 년이 지난 지금에서야 '무'라는 개념이 떠올랐다. 큰아들에게 생성이니 소멸이니 하는 이야기를 주워들었던 탓인지는 알 수 없다. 다만 아무것도 없던 데서 빅뱅을 통하여 우주가 생성되었다고 하니 이는 무에서 유가 탄생한 셈이고, 사람도 그렇게 따지자면 원래 없던 존재인데 어떤 방법을 통해 태어나지 않았을까 생각했을 뿐이다. 일체유심조도 '나'라는 존재가 있어야 쓸 수 있는 말인데 원래 내가 없다면 그 무슨 소용이 있겠는가.

≈≈≈

어쩌면 인간은 우주를 알지 모른다.
그러나 정작 자기 자신은 알지 못한다.
자기 자신에 대해서는
어느 우주를 아는 것보다도 무지하다.
_영국의 작가, 길버트 체스터튼Gilbert Keith Chesterton

이런 질문은 진작 생겼어야지 인제 와서 늘그막에 떠오르다니 '나는 한참 멀었구나' 하고 자조했다. 이제는 이런 궁금증을 풀어갈 시간도 힘도 모자라지만 그래도 알고 싶은 마음은 여전한지라 아쉬운 마음만 점점 더해간다.

아내와 내가 토론할 때 단칼에 제압하는 아들의 천문학 이론을 빌리면 이 갈증이 풀리려나. 우주 공간이 처음부터 없었다는 말은 대충 이해가 되나, 없다는 그 자체도 존재는 아닐까. 나의 허황된 상상은 '무'란 있는 것인가, 없는 것인가 하는 난제로 비약한다. 무엇이 있고, 무엇이 없느냐는 주제는 지나온 세기 동안 여러 선인이 다룬 단골 메뉴로 지금도 논쟁이 이어지고 있다. 나와 아내, 또 나와 큰아들의 토론도 궁극적으로는 이 질문에 귀결된다.

성철 스님은 평소에 "이 뭐꼬?"라는 화두를 자주 던졌다고 한다. 평생에 걸쳐 앉으나 서나 걸으나 한시도 이 생각을 놓지 않았다고 하니 과연 스님은 '이 뭐꼬?'의 답을 찾으셨을까? 그렇다면 알려주시고 가셔도 좋았을 텐데 아직도 그 화두를 벗 삼아 살아가는 사람들이 있으니 참 안타깝다. 김수환 추기경님도 "모든 게 내 탓이오"라고 말씀하셨으니 그 무엇이 내 탓이고 네 탓인지를 세월 속에 던져 버리고 그저 흘러가는 시간처럼 유유히 보내려고 하지만 쉽지 않다. 그래도 비 온 뒤 뭉게뭉게 피어나는 안개 속에 숨은 생각의 끝자락을 붙잡으려 마음을 재촉해 본다.

태산이 높다 하되
하늘 아래 뫼이로다

오르지 못할 나무는 보지도 말라는 말이 있다. 그런데 저기 있는 나무가 내게 오를 만한지 아닌지 어떻게 알 수 있다는 말인가. 내 주제를 깨달으려면 결국 오르려는 시도를 해보는 수밖에 없다. 불로초를 찾아 헤맨 진시황도 그런 심정이었을까. 현대인이야 그를 비웃지만 그는 아주 희박한 가능성을 포기하지 않은 도전자 아니었을까.

불멸을 꿈꾼 진시황만큼이나 파격적인 희망을 품은 환자를 만난 적 있다. 내가 외래 진료실에 앉아 있는데 어떤 젊은 여성이 조심스럽게 문을 밀고 들어왔다. 몇 가지 기본 질문을 던진 후 병원을 찾아온 이유를 물었다. 그녀는 "어떻게 하면 임신이 될까요?"라고 물었고 내가 "아! 그런 문제라면 산부인과로……"라고 답변을 마치기도 전에 환자가 말을 이었다.

"여기 약봉지 좀 보세요. 산부인과라면 이미 다녀왔어요."

그녀는 임신하지 못할 바에야 차라리 죽는 것이 낫다고 호소했다. 나는 혹시 정신 기질의 문제로 임신이 어려울 수 있는가 고민했고, 한편으로는 몹쓸 남편이나 시댁을 만나 임신 문제로 시달리는 여성이 아닌지 살폈다. 환자는 주룩 흘러내리는 눈물을 손으로 닦으며 하소연했다. 그런데 그때 묘한 이질감이 느껴졌다. 내 눈에 들어온 것은 환자의 손마디였다. 여성이라고 하기에는 유난히 두껍게 발달한 손. 그렇다. 이 환자는 생물학적 남성이었다. 파마를 해서 구불구불한 머리에 곱게 화장한 얼굴, 기다란 인조 속눈썹에 반짝이는 귀고리와 목걸이. 단정한 투피스 차림까지 영락없는 여성의 겉모습이었고 목소리마저도 꽤 그럴싸했다.

그제야 환자가 산부인과에서 받았다고 한 약봉지를 훑

어봤는데 병원에서 처방받은 약이 아닌 일종의 극약으로 보였다. 그 혹은 그녀는 온갖 병원에서 불임 판정을 받았고 가족과 친척 모두에게 수없이 모를 당한 상태로 나를 찾아와 마지막 희망을 걸었다. 하지만 딱한 사연과는 별개로 남성의 몸으로 임신하게 할 방법은 없었다.

이 환자는 임신을 제외하면 모든 면에서 여성으로서 만족스러운 삶을 살고 있었다. 그런데 딱 하나가 이뤄지지 않아 불행했던 것이다.

"선생님 어떻게 좀 안 되겠습니까? 이렇게 의학이 발달한 세상인데 이 문제를 해결해주지 못한단 말입니까?"

지금까지 쌓였던 울분이 하소연에서 별안간 분노로 뒤바뀐다. 나는 환자가 책상 위에 내밀어놓은 극약을 압수하는 것 이외에는 별다른 도움을 주지도 못했고, 그저 남성에게 자궁을 달아주지 못하는 무능한 의사 집단을 대표해서 오만가지 욕을 들어야 했다.

세상에는 의지와 노력으로도 바꿀 수 없는 일이 있다. 외모나 유전자, 부모처럼 주로 선천적인 것들이 그러한데,

재능도 그중 하나다. 나는 초등학교 5학년 미술 시간에 칭찬을 한 번 들었다. 선생님이 내 작품을 칠판에 붙이고는 "그림이란 이렇게 그려야 한다"고 하신 것이다. 사실 나는 내 작품의 어디가 그렇게 훌륭한지 이해하지 못하고 있었다. 지금 추측해 보건대 아마도 그 칭찬은 작은 오해에서 시작된 듯하다. 그날 수업은 미술실에서 열렸고 우리는 쉬는 시간에 미술실로 이동해 가운데 놓인 석고상 하나를 두고 둥글게 앉았다. 나는 조금 늦게 도착하는 바람에 마땅히 앉을 자리가 없었다. 닥치는 대로 선택한 곳이 석고상 측면이었다. 모두가 석고상을 정면에서 바라보며 그림을 그렸지만 나는 엉겁결에 측면을 그릴 수밖에 없었다. 그런데 선생님은 내가 창의적인 구도를 선택했다고 믿어버리셨다.

어쨌거나 나는 이 일을 계기로 '내가 미술에 소질이 있다'는 착각에 빠져 살았고 학창 시절 내내 미술에 집착했다. 하지만 고등학교를 졸업할 즈음이 되어 막상 미대에 진학하려고 보니 나는 어림도 없이 높은 나무를 바라보는 꼴이었다. 내게는 선천적인 재능도 없었고 후천적인 수련도 부족했다. 우여곡절 끝에 미대가 아닌 의대를 선택하며 미술에 대한 꿈을 접었지만 당시에는 현실을 받아들이기가 쉽지 않았다.

그렇게 오를 수 없는 나무는 쳐다보지도 않고 살아가려는 내게 또 다른 옛말이 들려왔다. 조선의 문신 양사언의 시조 〈태산가〉다.

태산이 높다 하되 하늘 아래 뫼이로다
오르고 또 오르면 못 오를 리 없건마는
사람이 제 아니 오르고 뫼만 높다 하노라

한 속담은 능력이 없는 사람이 지나친 욕심을 부리면 불행해지니 주제를 알라고 가르치고 다른 시조는 시도도 하지 않고 주저앉기를 질책하니 포기하지 말라고 가르친다.

곰곰이 생각해 보니 내게 그림이라는 '오를 수 없는 나무'가 있었다면 반대로 노래라는 '못 오를 리 없는 태산'이 있었다. 발단은 초등학교(당시에는 국민학교) 6학년 때다. 나의 담임은 음악을 전공한 선생님이었고 학예회를 맞아 학급

전체가 합창을 하기를 바랐다. 한 달간 맹연습을 한 끝에 무대에 서는 날이 왔다. 그런데 선생님은 나를 부르더니 이렇게 말씀하셨다.

"너는 강당에 가지 말고 교실에 남아 있거라."

해방 직후 어지러운 세상이라서 교실을 비우지 못하니 누군가 지키고 있으라는 뜻이었지만, 내게는 청천벽력과 같은 소리였다. 그동안의 내 노력이 수포가 되었고 나는 내 노래 실력이 유난히 부족해서 이런 결정이 내려졌겠거니 짐작했다. 이 일로 나는 노래를 잃었다. 대학에 들어가 여럿이 술을 마시며 어울릴 때도 절대 노래는 하지 않았다. 어떻게든 딴청을 피우며 상황을 벗어났다.

시간이 흘러 나는 교수가 되었다. 이런저런 모임에 참석하면 뒤풀이가 열렸고 서로 노래를 청하는 곤욕스러운 순간이 꼭 찾아왔다. 미꾸라지처럼 능숙하게 피하던 나인데 한 번은 도저히 빠질 도리 없는 분위기에 옴짝달싹 못 하게 되었다. 어쩔 수 없이 한두 마디 부르는데 반응이 썩 나쁘지 않았다. 박수가 나오며 한 곡조 더 부르라는 요청도 들렸다. 내 노래가 정말 좋았는지, 그저 내 용기에 격려를 보내기 위함인지는 알 수 없으나 그래도 듣는 이에게 피해가 될 정도는 아니었나 보다.

이날의 경험 덕분에 나는 태산에 오를 용기를 냈다. 가끔은 나 홀로, 가끔은 다른 사람 앞에서 흥얼거리기도 했다. 기를 쓰고 등반하지는 않았지만 산책 삼아 나온 사람처럼 느리게 그러나 꾸준히 걸어 올라갔다. 어느새 나는 어린 시절의 트라우마에서 벗어나 있었다.

욕망이란
어떤 부류의 사람들에겐 눈을 멀게 하고
어떤 부류의 사람들에겐 눈을 뜨게 한다.

_프랑스의 사상가, 프랑수아 드 라 로슈푸코 Francois de la Rochefoucauld

사람의 성격과 그가 처한 상황이란 모두 다르니 오르지 못할 나무를 보지 말라고 해야 할지, 태산에 올라 보라고 해야 할지는 한마디로 답하기 어렵다. 다만 정신과에서 내려오는 치료 지침이 있다. 기세가 지나친 사람은 그 기세를 좀 죽이고, 기운이 푹 죽어 낮은 수준의 자아를 가지고 있는 사람에게는 격려를 통하여 자존감을 올려주어야 한다는 조언이다. 오늘은 어떤 태산에 올라 볼까. 내 삶에는 몇 번의 도전이 남아 있을까. 열린 가능성이야말로 인생을 즐겁게 해주지 않는가.

석가에게 정신과 의사가
있었더라면

  정신과 의사로 근무하던 시절, 같은 일 하는 사람 여럿
이 모여 양산 통도사 극락암을 찾은 일이 있었다. 통도사
행은 흔히 있는 관광이 아니라 심포지엄의 일환으로, 극
락암에 계시는 고승인 경봉 스님(1892~1982)을 만나 뵙는 데
목적이 있었다.

  경험으로 보나 이론으로 보나, 치료자가 환자를 더 나
은 수준에서 바라보려면 치료자가 먼저 스스로의 문제에
서 벗어나 있어야 한다고 말한다. 치료자의 수준을 향상
시키는 방법으로 여러 가지가 논의되고 있었는데, 치료자

가 일정한 기간 동안 정신 치료에 대해 자문을 받거나 교육적 분석을 받아 스스로를 돌아보게 하는 식이었다. 치료자와 환자 모두가 양면으로 성장하지 않고는 바람직한 치료가 성립되지 않았다. 극락암을 찾은 중요한 이유 역시 경봉 스님을 통하여 숨겨진 우리 자신을 보고 성장시키는 동기를 삼으려는 데 있었다.

암자에 죽 둘러앉아 담소를 나누던 중에 내 차례가 왔다. 앞선 사람에게 경봉 스님이 던지는 질문과 해석 속에 숨겨진 통찰력에 감탄하면서 나는 문득 어느 환자를 떠올렸다.

이 환자는 여대생으로 의학에 관한 기초적 지식을 교육받은 학생이었다. 아버지의 권유로 마지못해 정신과를 방문한 형편이었는데, 많은 정신과적 문제에도 불구하고 자신은 한약 좀 먹고 휴양이나 하면 나을 것이라며 다른 문제를 이야기하지 않으려 했다. 무엇이든 좋으니 내가 도울 수 있으면 좋겠다고 했더니 그 여학생은 몸을 가다듬고 정색하고 묻는다.

"선생님이 나를 어떻게 치료하겠다는 건가요? 불교의 석가도 수행 초기에는 가출했던 적이 있다더군요. 정신과 의사가 이 모습을 봤다면 분명히 이상한 행동을 하고 있다고 설명했을 것이 아닌가요? 자기가 처한 현실도 다 부정하고 방황하고 있다면서요. 그렇죠?"

내게 대답을 강요하는 이 여학생에게 나는 무슨 말을 들려주어야 할지 몰라 망연했다. 어쩔 수 없이 다음 이야기를 계속해 보라고 권했다. 그녀의 주장은 이러했다.

"그때 만일 정신과 의사가 따라붙어서 정신 치료니 뭐니 하고 석가를 붙들어 입원시켰다면 아마 지금의 불교도 없지 않았겠어요?"

이 말에 포함된 숨은 뜻은 자기를 치료한답시고 입원이니 어쩌니 하는 소리를 할 생각도 말라는 것이다. 한참 동안 나를 응시하고 있는 학생에게 단호히 말했다.

"아마 그때 정신과 의사가 있었다면 석가가 7년씩이나 고생하지 않아도 되었을 겁니다. 2~3년 만에 대오각성했을지도 모를 일이죠."

통도사에서 경봉 스님을 뵙고 있자니 이 일화가 생각나 스님에게 이야기해 드렸다. 그러고는 나의 미심쩍었던 자세에 대해 한 말씀해 주시기를 청했다. 스님은 나이와 달리 어린

소년 같이 말간 얼굴에 파안대소를 띠우며 대답해 주셨다.

"너는 바로 그것을 버려라."

잠시 생각에 잠긴 나는 곧 뜻을 알아차렸다. 석가를 운운하던 그 여학생은 어쩌면 간절한 마음으로 내 앞에 왔을지 모른다. 무릇 몸이든 마음이든 불편하니 의사인 나를 찾았지 않겠는가. 그런데 그런 이에게 '의사가 있었으면 2년이 걸릴 거라느니, 3년이 걸릴 거라느니' 주절거렸다니…….

7년이면 어떻고 2년이면 어떠한가. 정신 치료 교과서에는 '환자와의 경쟁의식'이나 '환자에 대한 치료자의 지나친 야심'은 오히려 치료를 방해한다고 적혀 있다. 그런데 내가 바로 그 꼴이었다. '나는 똑똑하다'는 생각에 빠져 상대의 말은 듣지 않고 허점만 찾아냈다. 잘난 체만 하다가 정작 중요한 것을 잃었다.

〰〰

먼저 겸손을 배우려고 하지 않는 자는
아무것도 배울 수 없다.
_미국의 역사가, O. 메레디스 윌슨Owen Meredith Wilson

교만과 겸손, 이 두 가지 중에서 하나를 선택하라고 한다면, 당신은 어느 쪽을 선택하겠는가? 당신의 선택이 당신의 인생을 좌우한다.

내가 경봉 스님을 뵌 후 이 여학생을 알았다면 어땠을까. 어쩌면 치료에 성공해 여학생의 인생을 조금은 바꾸었을지도 모른다. 다른 사람을 바꾸려 하지 말고 자신을 먼저 바꾸라는 말이 있다. 사람은 고쳐 쓰는 것이 아니니 포기하고 마음을 비우라는 의미로 해석해도 그럭저럭 맞지만, 그보다는 내가 달라져야 남을 변화시킬 수 있다는 뜻에 더 가깝다. 마누라 때문에 못살겠다며 매일 같이 싸우는 남편, 자식만 보면 답답하다며 잔소리를 달고 사는 어머니에게 스님의 말씀을 전한다.

"너는 바로 그것을 버려라."

유혹에 빠지지 않게
하소서

수련의 시절의 기억이다. 외래 진료를 보고 있는데 30대 후반의 말쑥한 신사 한 명이 찾아와 세련된 태도로 인사했다. 흔히 정신과를 방문하는 환자에게 보이는 주저하는 기색이 없이 그는 방문 목적을 단도직입적으로 설명하며 어색하게 웃어 보였다.

"선생님, 저는 건강 진단서가 필요해서 왔는데요."

젊디젊은 20대이던 나는 그의 풍채나 태도에 다소 위압되는 느낌까지 받았다. 건강 진단서라면 아마도 취직이나 입학 등에 필요한 서류겠거니 생각하며 일단 앞에 앉으시라고 했으나, 정신과 진단서가 필요하다니 당시로서는 조금 독특한 일이었다.

자리에 앉은 그는 자신의 사연을 풀어놓았는데, 한 시중 은행에서 대리로 근무하고 있으며 어쩌다 보니 아직도 결혼하지 않은 총각 신세라고 했다. 부모는 자식이 30대 후반까지 장가도 못 가고 있으니 무슨 결함이 있나 성화고, 주변에서도 자꾸만 혼담을 꺼내어 귀찮아 죽겠으니 어떻게든 결혼을 하기는 해야겠단다. 마침 집안을 통해 재미 교포 규수와 중매가 오갔는데 자기 눈에 아주 쏙 드는 정도는 아니지만 별수 없이 식을 올릴 참이라고 했다.

문제는 남녀가 서로 사진만 주고받으며 선을 보느라 실물을 만나지 못했고, 불안해진 신부 쪽에서 건강 진단서를 요구했다고 했다. 그는 연신 손목시계를 들여다보며 사정했다.

"제가 은행에서 잠시도 자리를 비울 수가 없습니다. 잠깐 짬을 내어 나오기는 했는데, 어떻게 진단서를 간단히 발급받을 방법이 없을까요?"

이야기를 듣는 동안 나는 유창하고 매력적인 그의 말에

다소 흘려 있었다. 이렇게 멀쩡한 사내가 진단서까지 떼어 가며 결혼을 해야 하다니 안타깝기도 했고, 그런 절차 없어도 장가갈 수 있는 아가씨가 많을 텐데 싶기도 했다. 그러며 "그런 목적의 진단서라면 의료원이나 다른 종합 병원에서 받으시죠? 필요하면 연결해 드리겠습니다"라고 하니 그는 종이 몇 장을 꺼내 보이며 이렇게 말했다.

"다른 진단은 전부 받았는데 그 병원에는 정신과가 없더군요. 선생님이 정신건강만 확인해 주시면 되겠습니다."

그렇다면 흔쾌히 서류를 끊어주어야겠다고 결심하며 진단을 위한 흔해 빠진 절차인 임상 검사를 권했다. 그러자 그가 오늘은 바빠서 힘들고 다음에 와도 되겠는지 묻기에 나는 알았다고 했다. 일주일쯤 지났을까. 그때까지 방문하지 않던 그를 우연히 만난 것은 진료실이 아니라 길거리에서였다. 친구와 함께 서 있던 그는 내게 아는 척을 하며 반가워했고 마침 가볍게 맥주라도 한잔하러 가는 길이었다며 동행을 권했다. 부담 없이 따라갔는데 맥주 한잔이라기에는 성대한 상이 차려졌다.

겨우 진단서 한 장을 얻기 위해 나에게 베푸는 대접으로는 지나쳤다는 생각이 스쳤다. 게다가 그의 친구는 그를 잘 봐주면 내가 살아가는 데 많은 도움을 받을 수 있다고 암시했다. 이런 상황은 나를 우쭐하게 했지만 동시에 '동기가 무엇일까' 하는 의심을 불러일으키기 충분했다.

"그럼 조만간 병원에서 뵙죠. 검사 끝나면 진단서 발급해 드리겠습니다."

나는 이렇게 말하며 그와 헤어지고 집에 돌아와 석간신문을 펴들고 깜짝 놀랐다. 내 이름이 신문에 나왔기 때문이다. 읽어보니 심한 의처증을 앓는 망상증 환자가 큰 병원에 입원해 있던 중 도망을 쳤다. 그는 곧바로 경찰서에 쫓아가 정신과 담당의와 병원을 불법 납치 및 감금으로 고소했다. 경찰관이 "당신의 정신건강을 증명해 보세요. 그럼 입건하겠습니다"라고 하자 그는 조만간 내 이름으로 된 진단서가 나올 것이라고 말했다. 아, 섣불리 서류를 발급했다가는 전 국민 앞에서 돌팔이로 이름을 날릴 뻔했다는 생각에 아찔했다.

≈≈≈

인내는 목적을 이루지만,

서두름은 패망으로 이끈다.

_페르시아의 시인, 사디Sa'dī

　살다 보면 누군가 나를 유혹하는 일이 생긴다. 그들은 절대 사기꾼으로 보이지 않는다. 때로는 후한 보상을 해주겠다고도 한다. 사기꾼의 감언이설에 걸려드는 순간을 살펴보면 마치 최면에 빠지는 과정과 유사한 면이 있다.

　최면에 관한 유명한 논쟁이 있다. 프랑스의 정신과 의사였던 샤르코Jean Martin Charcot와 베른하임Hippolyte Bernheim의 이야기다. 샤르코는 사람이라면 누구나 최면에 걸릴 수 있다고 했지만 베른하임은 최면에 걸리고자 하는 성질인 피암시성이 강한 사람이 따로 있다고 주장했다. 오랜 시간 답을 내리지 못한 논쟁이었지만 현대에 와서는 베른하임이 옳다는 쪽에 힘이 실렸다. 즉, 최면을 걸고자 하는 사람과 최면에 걸리고자 하는 사람이 만나야 최면이 성립된다는 말이다.

그럼 사기꾼의 최면에 걸리지 않으려면 어떻게 해야 할까? 사기꾼의 말을 논리로 반박하려고 해서는 큰 효과를 얻기 힘들다. 사기 피해자 가운데는 똑똑한 대학교수나 기업가도 상당히 많다. 이런 이들은 오히려 "내가 헛소리를 구분하지 못할 리 없다"라는 자만심에 빠져 더 쉬운 사냥감이 되기도 한다.

답은 인간으로서 원칙을 지키고 사는 것이다. 건강 진단서를 끊었다가 돌팔이가 될 뻔했던 젊은 시절의 나를 구한 것은 '검사 없이는 진단도 없다'는 의사로서의 기본 원칙이었다. 그럼 인간으로서 가져야 할 원칙은 무엇일까. 세상에 공짜란 없다는 것이다. 돈이 되는 고급 정보를 내게만 몰래 주겠다는 사람, 절차를 뛰어넘고 안 되는 일을 되게 해주겠다는 사람, 이유 없이 나를 칭송하며 어깨를 으쓱하게 만드는 사람…… 모두 내 안의 헛된 욕망을 슬쩍슬쩍 건드리는 사람들이다.

그동안 살면서 거절해 온 수많은 유혹들이 떠오른다. 어쩌면 그중 한둘은 진짜로 큰돈이나 명예를 가져다줄 제안이었을지도 모른다. 어떤 이는 나를 보고 기회가 와도 잡

을 줄 모르는 어리석은 자라고 평가할 것이다. 그러면 어쩌

한가. 대신 불안해하지 않고 한평생 마음 편히 살지 않았

는가. 그리고 이렇게 살아도 충분히 만족스럽지 않았는가.

예수님과 나의 오랜 악연

　여기에서 정말 부끄럽기 그지없는 이야기를 하나 털어
놓을까 한다. 내게는 '예수 믿는 환자는 잘 낫지 않는다'라
는 터무니 없는 편견이 있었다. 예수님이든 부처님이든 딱
히 믿지 않는 내게 종교적 바탕이나 신앙심이 없었던 것도
한 원인이겠으나, 나는 왜 유독 '예수 믿는 환자'에게만 편
견이 있었을까.

　종교를 맹신하는 신자에게 발현되는 역동적 기전이 정
신병리와 깊은 관련을 가지고 있다는 식의 어려운 논리를
전개하려는 심보는 아니다. 정신과 환자 가운데 불교나 유

교 같은 여러 종교를 가진 이가 많았는데 왜 하필이면 예수 믿는 이만 잘 치료되지 않았을까.

수련의 2년 차쯤 되었을 때, 나는 담당하고 있는 환자의 상태가 퇴원하기에 적합하지 않다는 소견서에 의사로서 서명해야 할 일이 있었다. 이렇게 하면 환자의 입원을 일정 기간 연장할 수 있는데, 보통 자신이나 가족이 입원비를 부담하지 않아도 되는 국비 환자가 그 대상이었다. 경제적으로 넉넉하지 못한 만성질환의 보호자라면 한결같이 내가 서명을 해주어 얼마간의 입원 생활을 지속할 수 있기를 바랐다.

그런데도 나는 꼭 "○○교회에서 왔습니다"라며 목사님이나 전도사님이 손수 찾아와 "저 신도가 제발 오랫동안 입원하는 혜택을 좀 입게 해주십시오"라고 호소하면 영락없이 거절했다. 물론 당시 내가 어떤 억하심정을 가지고 환자를 그르치려 했던 것은 절대 아니다. 나는 논리적이고 합리적으로 판단했으며, 서명을 거부하는 그 순간까지 예의 바르고 정중하게 행동했다. 목사님들도 나의 설명을 듣고는 환자의 상태를 인정하고 공감하며 물러갔었다는 점을 봐도 그러하다.

진짜로 신기한 것은 내가 맡은 '예수 믿는 환자'는 다른 환자에 비해 치료 효과가 정말로 떨어졌다. 혹시 이것이 치료자인 나 자신의 문제로 인해 생기는 소위 역전이逆戰移 현상이 아닐까 하는 의문이 생긴 것은 그로부터 약 1년 뒤의 일이다.

역전이란 치료자가 과거에 경험한 일로 품게 된 생각을 엉뚱한 환자에게 연결시키는 현상이다. 치료자가 엄한 아버지에게 매를 맞고 자랐는데, 어느 날 아버지를 연상시키는 외모의 환자를 만나고는 '저 사람도 폭력성이 강할 거야'라고 뒤집어씌우는 셈이다.

예수님과 나의 악연은 아주 어린 시절 시작되었다. 학교도 들어가기 전이었으니까 다섯 아니면 여섯 살 즈음이었을까. 나는 동생의 유혹에 못 이겨 교회에 나가기로 결심했다. 유혹이라고 한 까닭은, 동생이 교리로 나를 감화시켜서 간 것이 아니기 때문이다.

"크리스마스 날 교회에 가면 떡도 주고 사탕도 준다더라."

나는 동생에게 이 말을 들었다. 일 년 내내 심사숙고하다가 드디어 교회에 갈 것을 작심한 것이 12월이다. 연말이 지나면 떡을 먹기 위해서 다시 일 년을 기다려야 한다. 염치를 불고하고 가니 크리스마스 행사와 각종 즐거운 순서가 이어졌고 모든 일정이 끝나자 내가 기다리고 기다리던 떡과 사탕의 시간이 다가왔다. 가슴 두근거리며 그 자그마한 손을 모아 받아먹을 준비를 하고 있던 나에게 청천벽력 같은 말이 들려왔다.

"금년 9월 이후에 나온 어린이는 열외로 서세요."

아! 거짓말을 해서는 안 된다는 평소의 양심이 작동하여 열외로 밀려난 나는 '버림받았다'는 느낌에 엉엉 울었다.

신기하게도 이런 기억은 교복을 입고 대학을 나와 수련의 과정에 이르기까지 단 한 번도 내 의식 속으로 밀고 올라오지 않았다. 내 안에서 철저히 억압되었던 기억인가 보다. 그러고는 나를 찾아와 간곡히 부탁하는 목사님과 전도사님을 향해 나는 "최선을 다하겠습니다. 안심하고 돌아가세요"라고 정중한 대답을 해놓고는, 결국 그 환자를 열외로 밀어놓았다. 마치 어린 시절의 내가 당했던 일처럼.

進정한 실수는 실수로부터
아무것도 배우지 못하는 것이다.

_미국의 기업가, 헨리 포드 Henry Ford

내 마음 한 구석의 기억을 찾고 나니 그제야 퍼즐이 풀린다. 젊은 시절 나는 예수 믿는 이라고 하면 환자뿐만 아니라 누구에게나 거리를 느꼈다. 한번은 캐나다에서 젊고 아름다운 여성 선교사가 와서 여러 의사에게 제안했다. 필요하다면 영어 회화를 무료로 가르쳐주는 봉사를 하겠단다. 영어도 영어지만 그 선교사의 뛰어난 미모에 반한 이가 한둘이 아니었다. 결국 매일 한 시간씩 모이기로 했는데 나는 첫날에만 잠깐 참석하고는 계속 다른 환자 핑계를 대면서 그 모임을 피했다. 그러면 그 선교사는 나에게 친절히 전화를 걸어 "선생님이 오기를 모두 기다려요"라고 알려왔지만 나는 나대로 그때그때 적당한 구실을 붙여 일을 끝내고 올라가겠다고 대답했다. 그러나 한 번도 참석한 적은 없었다.

예수 믿는 환자가 잘 낫지 않는 것이 아니라 내가 예수 믿는 환자를 용납하지 않는 것이라는 깨달음이 있기까지 정말 오랜 세월이 걸렸다. 나는 동료 의사에게 열변을 토한 적도 있었다. 예수 믿는 환자는 잘 낫지 않는 증거를 소상히 설명하면서 나의 주장이 옳다고 떠들어댄 것이다. 하지만 사실은 내 마음이 열리지 않았는데 어찌 상대가 나을 수 있을 것인가. 종로에서 뺨 맞고 한강 건너 눈 흘긴다는 격이다. 어린 시절 서러웠던 감정을 다 큰 수련의가 되어서 만난 엉뚱한 환자에게 투사하다니……. 나의 미련함에 진심으로 부끄러웠다. 이후로 예수 믿는 환자는 물론 목사님이 오신다고 해도 전혀 저항을 느끼지 않았다. 결국 문제는 내 안에 있었던 것이다.

당신은 누구의 기대를
채우기 위해 사는가

위기 상황만 마주하면 사지에 마비가 오는 위급 증상으로 응급실을 통해 입원한 환자가 있었다. 그녀는 정신적 문제가 없을 때면 아주 명랑했고, 약간은 자기중심적이었으며, 다소 허세가 섞인 가운데 모든 이의 관심이 자기에게 집중되기를 바라는 유형이었다. 그녀의 부모는 극성 학부모의 전형이었고 그녀는 어린 시절부터 음악 레슨이니 무슨 레슨이니 하며 고사리 같은 손에 바이올린을 잡고 빡빡한 나날을 보냈다.

한번은 부모가 평소 익힌 바이올린 솜씨를 자랑하는 연

주회를 열어 일가친척과 지인을 거창하게 불렀다고 한다. 그런데 그녀는 그 순간 사지 마비에 걸려버렸다. 깜짝 놀란 부모가 다가가 살펴보니 바이올린 줄은 이미 끊어져 있었다고 했다. 이후에도 몇 번의 연주회가 있었지만 그때마다 일어나는 현상은 똑같았다. 사지 마비와 끊어진 바이올린 줄.

"저도 잘 모르겠어요. 무대에 오르기만 하면 왜 하필 줄이 끊어지는지……."

신이 장난을 치지 않았다면 때마다 줄이 저절로 끊어질 수는 없다. 어쨌거나 그녀는 사지 마비라는 신체 증상 덕분에 매번 위기를 모면했다. 문제는 이후였다. 그녀는 아주 사소한 갈등이라도 일어나려 하면 위기를 피하려는 듯이 마비와 호흡 곤란을 겪었다. 이런 증상은 물론 불편한 일이겠지만 한편으로는 싫은 일에서 벗어나게 한다는 점에서 이득을 가져다주었으리라.

그녀의 부모는 사랑하는 자식에게 과중한 부담을 안겼다고 조금도 생각하지 않고 있었다. 게다가 그녀 자신도 하필 공연 때 바이올린 줄이 끊어지는 사고는 지극히 우연하게 일어났다고 믿었으며 어째서 같은 사건이 거듭 일어나는지는 생각하려 들지 않았다. 왜냐고? 그녀의 사지가 알아서 마비되는 한 모든 갈등은 만족스럽게 묻히고 있었기 때문이다.

19세기 음악가 빌 헤르미는 자신의 바이올린에 단 한 줄 남은 G선만 가지고 아름다운 곡을 만들어 애인에게 선물했다. 그 유명한 〈G선상의 아리아〉다. 하지만 내 앞에 있는 환자의 바이올린은 주인에게 사지 마비만 선물했다.

어릴 때는 부모의 기대에 부응하려 애쓰고, 커서는 사회의 기대에 맞추기 위해 아등바등하며 산다. 언제까지 이렇게 살아야 할까. 오로지 타인의 기대를 채우기 위해 살다 보면 나를 잊게 된다. 사람은 혼자서는 살아가지 못하는 사회적 동물이기에 이리저리 얽힌 관계가 복잡하다. 이 복잡한 관계에서 자신의 정체감을 확립하고 드러낼 수 있는 가장 흔한 방법은 타인으로부터의 인정이다.

"너는 이런 일을 잘하는 사람이다."

"너는 정이 많구나."

이런 칭찬 속에 다른 사람이 보는 나의 정체성이 숨어

있다. 그러나 이는 엄밀히 말하면 나 자신이 본래부터 가지고 있는 정체성과는 다르다. 내가 생각하고 있는 나의 모습과 자기 이외의 사람이 보고 평가하는 나의 모습은 같을 수 있고 다를 수도 있다. 다른 사람이 나를 보고 느끼는 것을 '객관적 정체성'이라고 부르는데, 이것이 긍정적 방향일 때 우리는 '기대감'이라고 표현한다. 타인의 기대감이 나를 성장하도록 자극한다면 기대에 맞추도록 노력해도 좋겠으나 얼토당토않은 기대라면 따를 필요가 없다. 아무리 훌륭한 기대라도 나 스스로 느끼는 정체성과 어긋난다면 무슨 필요가 있겠는가.

정체성 혹은 정체감이란 그 자신의 본질에 대하여 가지는 느낌이라고 한다. 그러니 '나는 어떤 사람인가' 의구심을 가지고 삶이라는 도마 위에 자신을 올려놓아야만 얻을 수 있다. 때에 따라서는 그 정체성을 찾지 못해 방황하는 때도 있다. 정답은 없다. 무엇이 올바른 정체성인지는 누구도 가르쳐주지 않는다. 그것을 찾기 위해 우리는 듣고, 말하고, 배우고, 혼나며 모르는 길을 물어물어 찾듯이 살아간다.

자아는 이미 만들어진 것이 아니라
선택을 통해 계속 만들어가는 것이다.

_미국의 교육학자, 존 듀이 John Dewey

엄동설한이 지나면 따스한 봄이 온다. 겨울이면 큰 산이 거대한 화마를 만나기도 한다. 초목은 푸르른 본연의 정체성을 잊어버린 채 검게 타버리지만, 다시 봄이 오면 새싹이 새록새록 돋는다. 뜨겁던 열기를 참고 아픈 고통의 시간을 견뎌온 여정은 그 자체로 초목의 새로운 정체성이 되어준다. 인생의 모든 과정 속에서 어떤 선택을 할지는 나의 몫이다. 삶은 선택이다. 생존의 선택이다. 그리고 그 삶의 주인은 나다.

사회는 거대한
정신병동이다

"교수님, 정신과 전공의 중에도 정신질환자가 있다던데요?"

정신의학을 가르치다 보면 종종 들어오던 질문이다. 맞다. 정신과 의사가 정신질환에 걸리기도 한다. 게다가 정신의학뿐만 아니라 신학, 철학, 심리학처럼 인간의 정신 활동을 다루는 학문을 전공하는 학생 중에 신경증적 경향성이 보이는 경우가 많다고 한다. 타고난 기질로 인해 그런 전공을 택했는지, 아니면 전공을 파고들다 보니 잠재되어 있던 기질이 발현되었는지는 알 수 없다.

몇몇 학생이 품었을 질문은 의대 교수 사이에서도 돌아

다닌다. "정신과 의사가 미치면 누가 고치나?"라는 식으로 변형되어서 말이다. 자료를 보면 치료하기 가장 어려운 상대가 정신과 의사 출신 환자라고 한다. 이와 비슷하게 상담사나 목사 같은 직종도 까다롭다. 그래서 이런 대화가 오갈 때면 나는 이렇게 응대한다.

"그래서 제가 여러분처럼 건강한 사람과 자주 접하려고 합니다."

웃으며 농담처럼 말했지만 반은 진심이다. 정신과에는 의사 말고도 간호사나 임상 심리 전문가 등 다양한 이가 함께하는데 한결같이 하는 불평이 있다. 오랜만에 만난 친구가 "너 좀 이상해졌어"라고 한다는 것이다. 그럼 우리끼리 "맞아. 나도 오늘 오전에는 멀쩡했는데 오후부터는 영 이상해"라고 받아친다. 어느 정도는 사실이다. 정서적으로 불안정한 환자를 계속 대하다 보면 감정, 행동, 사고에 영향을 받기 마련이다. 그러니 치료자는 자신의 정신을 온전히 유지하기 위해 부단히 노력해야 한다.

병원 밖 세상이라고 건강하지만은 않다. 특히 현대인이라면 주위에 이상한 사람 한둘 없을 리가 없다. 동네에서

장사하는 어느 사장은 진상 고객 때문에 미칠 지경이라고 한다. 한도가 다 찬 카드를 내밀고는 왜 결제가 안 되냐며 당신네 기계가 문제니 돈을 받지 말란다. 가게에 없는 메뉴를 만들어 달라고 강짜를 놓는 이도 있고, 나는 단골이니 서비스로 메인 메뉴를 하나 더 내놓으라는 이도 있다. 가게를 처음 열었을 때만 해도 이런 사람은 어쩌다 있는 수준이겠거니 생각하지만 서로 다른 진상이 하루에도 몇 번씩 등장한다.

서비스업을 피해 조용한 사무실로 도망쳐도 이상한 사람은 여전히 존재한다. 어떤 부장은 부하 직원이 뭘 들고 와도 일단 "안 돼"라는 말부터 한다. 한 번에 오케이를 내리면 자신의 위엄이 떨어진다고 생각하는 듯하다. 더 이상 트집 잡을 거리가 없으면 상사에게 말버릇이 없다느니 서류가 구겨졌다느니 하며 뭐라도 꼬투리를 찾아내기 위해 애쓴다. 그런가 하면 온라인에만 접속해도 이상한 사람은 득실거린다. 댓글창을 보라. 나와는 아무 관계없는 사람을 향해 쉽사리 악의적인 말을 쏟아내는 이가 얼마나 많은가. 그들도 인터넷 창을 끈 다음에는 멀쩡한 얼굴로 길거리를 돌아다닐 것을 생각하면 오싹하다.

정신과에서 일하는 치료자가 정신질환에 노출되기 쉬운 것과 마찬가지로, 미쳐 돌아가는 사회에 갇힌 우리도 미치기 일보 직전인 경우가 많다. 러시아의 소설가 알렉산드르 솔제니친Aleksandr Solzhenitsyn은 당시 소련 땅을 떠나 미국으로 망명하면서 이런 말을 남겼다.

"소련은 거대한 정신병동이다."

솔제니친을 따라 사회를 정신병에 빗대어 표현한다면 나는 한국을 망상으로 오염된 편집증적 사회paranoid society라고 주장하겠다. 편집증이란 '비밀 조직에서 나를 해치려고 한다'거나 '주변 모든 사람이 나를 속이며 연극을 하고 있다'는 식의 망상을 굳게 믿는 병인데 환자 나름대로 엄청나게 치밀한 논리 체계를 세워놓았기에 어설픈 설득은 먹히지 않는다. 실제로 예전에는 사석에서 누가 믿기지 않는 이야기를 하더라도 "그래?"라고 받아치고 말았다면 세월이 흐르더니 "정말이야?"가 흔해졌고 이윽고 "거짓말하지 마"로 변했다. 마지막 말은 상대의 발언을 의심의 틀에 가두고 자신의 판단을 확신하기에 나오는 반응이다. 이쯤 되면 어떤 말을 해도 의심의 체계를 벗어나지 못한다.

뉴스만 봐도 그렇다. 요즘 학부모는 교사를 못 믿고, 교사도 학부모를 못 믿는다. 옛날처럼 "때려서라도 가르쳐주십시오"라고 하는 시대는 아니지만 학부모는 '저 선생이 우리 아이에게 불이익을 주지는 않으려나' 눈에 불을 켜고 감시하고, 교사는 트집 잡힐 일을 하니 원칙대로만 처리하겠다고 한다. 어린아이에게도 "모르는 사람이랑은 말도 하면 안 돼"라고 가르쳐야 하고 어쩌다 낯선 번호로 전화가 오면 보이스피싱이겠거니 추측하는 편이 합리적이다. 영국의 싱크탱크 레가툼이 발표한 조사에 따르면 대한민국의 사회적 신뢰도는 167개 국가 중 107위로 매우 낮다고 하는데 그럴 만도 하다.

이런 세상에서 어떻게 살아야 할까. 두 가지 방법이 있다. 하나는 솔제니친처럼 거대한 정신병동을 탈출하는 것이고 다른 하나는 주변의 편집증적 의심을 견디고 버티는 것이다. 고려 말의 문신 포은 정몽주의 어머니는 아들에게 '까마귀 노는 곳에 백로야 가지 마'라고 시조를 지어 들려주었다고 하는데 사방에 까마귀뿐이면 누구와 노닐어야 한다는 말인가. 결국 어느 정도는 검은 물이 들 각오를 하는 수밖에는 없는가.

앞서 '정신과 의사가 정신질환에 걸리면 치료가 어렵다' 고 했다. 깊이 관여된 사람일수록 헤쳐나오기 힘든 법이다. 그런데 희망적인 사례도 있다. 해리 설리번Harry Sullivan 은 미국의 정신과 의사이자 동시에 조현병 환자였다. 프로이트는 신경증과 달리 조현병 같은 종류는 치료가 되지 않는다고 말한 바 있다. 하지만 설리번은 동료 의사에게 자진해서 찾아가 치료를 부탁하고 처방을 열심히 따랐다. 그리고 완쾌했다. 프로이트의 주장을 완벽히 반박한 셈이다. 그는 자신과 유사한 질환을 겪고 있는 수많은 환자를 돌봤으며 그 기록을 저서로 남겼다. 그가 쓴 책의 첫 페이지에는 언제나 같은 문구가 실려 있었다.

"나를 치료한 정신과 의사 ○○○에게 감사를 표하며 이 책을 바친다."

설리번이 주는 교훈은 단순하다. 나를 객관적으로 바라

보고 인정하라는 점이다. 우리는 내로남불(내가 하면 로맨스, 남이 하면 불륜)하는 습관이 있다. 타인에게는 까다롭고 자신에게는 관대해서 누가 나의 이상한 구석을 지적하면 발끈하고 부정한다. 설리번은 그러지 않았다. 오히려 자신이 환자일지 모른다고 가장 먼저 의심했고 받아들였다. 그렇기에 치료자를 찾아갔고 처방을 순순히 따랐다. 자기 통찰. 우리에게 필요한 덕목이다.

≋

인생에 있어 가장 중요한 일은
자기 자신을 발견하는 것이다.
그러기 위해서는 때때로 고독과 심사深思가 필요하다

_노르웨이의 탐험가, 프리드쇼프 난센Fridtjof Nansen

우리 삶에 끼어드는
수많은 훈수꾼

싸움이 일어났나 보다. 무슨 일이기에 저리 홍분할까? 궁금해서 다가가 보니 두 노인이 장기를 두던 중 옆에서 누가 훈수를 두었나 보다. "네 놈이 훈수를 두는 바람에 내가 졌지 않느냐"며 언성을 높이는 모습은 파고다 공원에 가면 늘상 볼 수 있는 광경이다. 훈수꾼이 어디 장기와 바둑에만 있겠는가. 일상은 물론이고 부부관계까지 한마디 거들려는 이가 넘쳐난다. 옆 사람에게 말로 부조하기란 퍽 쉽다. 그러나 그 말에 책임을 지는 이는 없다.

내 친구 가운데 어리석은 훈수꾼이 있었다. 이 친구는

발이 넓어 사귀는 친구가 많았는데 오지랖도 넓어 남에게 훈수도 잘 두었다. 다행히 말재간도 있으니 함께 모여 이야기할 때는 듣는 재미가 있다. 다만 이 친구를 어리석다고 소개하는 까닭은 그다음에 이어지는 행동 때문이다. 그 친구는 자기가 둔 훈수를 흘려듣거나 그대로 시행하지 않는 경우를 만나면 참지를 못한다. 별안간 버럭 화를 내고, 괘씸히 여기며, 분노하다가 가차 없이 절교를 선언한다. 자기 말을 듣지 않았다며 내치다니 이런 어리석음이 어디 있겠는가. 아니나 다를까. 노년이 된 이 친구의 곁에는 사람이 없다.

사돈 남 말할 일이 아니다. 나도 훈수를 두다가 낭패를 본 적이 몇 번 있는데 고등학교를 졸업하면서 겪은 일화가 가장 기억에 남는다. 가깝게 지내던 친구가 어느 대학 어느 과를 가야 하는지 내게 훈수를 구했다. 나나 저나 같은 학생 처지인데 내가 무슨 훈수를 두랴. 그래도 친구가 말하기를 "너는 나를 지금까지 지켜보았지 않느냐. 네 생각에 내가 어떤 학과에 가서 공부하면 좋겠는지 말해달라"고 한다. 훈수를 안 둘 수가 없다. 그래서 나는 중국 문학을 권했다. 내 말을 들은 친구는 깜짝 놀랐다. 그도 그럴 것이 당시 한국은 겨우 휴전한 상태였다. 북한은 물론 중국도 우리의 적이었고 '북한에서 내려온 괴뢰군'이니 '중공 오랑캐'니 하는 말이 흔하던 시절이니 중국 문학은 뚱딴지 같은 훈수다.

하지만 나도 나름의 논리가 있었다. 전쟁은 끝났고 세월이 지나다 보면 서로 왕래가 생겨 소통할 날이 오지 않겠는가. 그때를 생각해 미리 공부한다면 미래에는 선구자가 되리라는 상상이었다. 한국 물건을 가장 많이 수입하는 나라 중 하나가 중국이 된 지금 생각하면 틀린 계산은 아니었다만, 그 친구는 중국과 국교가 트이기 이전에 작고하고 말았으니 적절하지 못한 훈수였다. 그가 살았을 적에는 중국과의 긴 냉전만이 이어졌고 내내 능력을 발휘하지 못해 딴짓만 해야 했다. 시대를 잘못 만난 탓일지도 모르나 그 친구는 모임이 있을 때마다 나를 시원찮은 훈수꾼으로 매도하며 허허 웃었다.

훈수의 결과가 좋을 때는 모두가 행복하다. 문제는 결과가 나쁠 때다. 네 훈수 때문이라고 책임을 묻기가 쉽지 않으니 말이다. 바둑에는 '훈수꾼이 여덟 수 더 본다'라는 격언이 있다. 훈수꾼은 당사자가 아니라서 마음이 편안하니 더 먼 미래를 내다본다고 해석할 수도 있지만, 반대로 여덟 수는 더 볼 식견이 있어야 훈수를 둘 자격이 있다고 풀이할 수도 있다. 나무로 만들어진 바둑판을 뒤집으면 구멍이 움푹 파여 있는 경우가 있다. 이를 향혈響穴이라고 부르는데, 이 구멍의 유래에 대해서는 여러 가설이 있으나 그중 하나가 훈수꾼의 핏방울을 담는 용도라고 한다. 냉혹하고 치열한 승부의 세계에서 훈수를 두는 자가 있으면 목을 베 피를 보겠다는 뜻이란다.

이렇게 무시무시한 협박까지 하는데도 훈수꾼은 사라지지 않는다. "내가 다 너에게 애정이 있어서 하는 말이야"라며 간섭하는 이를 무시하기도 쉽지 않다. 훈수와 조언은 종이 한 장 차이. 결국 듣는 입장에서 가려 듣는 수밖에 없다. 사실 우리는 모두 혜안을 가지고 있다. 다만 스스로 깨닫지 못할 뿐이다.

사람은 누구나 살아온 길이 있다. 이는 평생에 걸쳐 습득하고 적응해온 방식이다. 오늘 무엇을 입을지, 어디를 갈지 고를 때마다 심혈을 기울이지 않아도 되는 것은 수십 년 동안 쌓아온 선택의 기술이 있어서다. 이를 습관이라고 불러도 좋다. 어느 날 타인에게 훈수를 들었는데 어쩐지 의심쩍고 불편하다면 내 안의 혜안이 신호를 보내는 중이다. 어차피 내가 책임져야 할 일, 내가 당기는 대로 해야 마음이 편하다. 내 삶을 살아가는 주체가 누구인지 명심해야 한다. 내 인생을 타인에게 맡긴다면 노예가 아니고 무엇이겠는가.

나는 내 운명의 주인이요,

나는 내 마음의 선장이다.

_영국의 시인, 윌리암 어네스트 헨리 William Ernest Henley

우리 속담에 '사공이 많으면 배가 산으로 간다'고 했다. 그런데 체코에도 비슷한 속담이 있다고 한다.

'요리사가 많으면 수프가 짜지기 마련이다.'

아, 훈수꾼이란 존재는 저 멀리 바다 건너에도 많은가 보다. 그러니 이토록 일맥상통하는 말이 있지 않았겠는가. 내 인생의 수프를 일류 요리로 완성할 수 있을지는 모르겠다. 하지만 어떠하랴. 내 입맛에만 맞으면 되는 것을. 얼큰하게 아니면 시원하게.

비교는 인간의 본능이다

인간은 상대의 말이나 행동을 통해 여러 가지 감정에 휩싸인다. 즐거운 감정도 있고 즐겁지 않은 감정도 있다. 여러 가지 수많은 감정이 있겠지만 이를 좀 더 깊이 파고들어 가보면 열등감이나 우월감이라는 뿌리를 발견할 때가 많다. 확대 해석한다면 우리가 대인관계에서 느끼는 모든 감정은 열등감과 우월감에서 비롯했다고 해도 과언이 아니다.

우월감과 열등감은 전혀 다른 감정이지만 그 메커니즘을 보면 같은 배에서 태어난 형제다. 나는 어릴 때 내 신체상에 대한 열등감을 많이 가지고 있었다. 내 키가 큰 것이 열등감으로 작용했다. 흔히 키가 작은 사람보다는 큰 사람을 보고 '훤칠한 인물을 가졌다'고 칭찬하지만 내 귀에는 그런 소리가 들어오지 않았다. 키는 큰데 몸무게가 이에 걸맞지 않으니 위로만 껑충 컸을 뿐 균형 잡힌 몸매가 아니었기 때문이다. 그래서 얻은 별명이 꽁치다. 꽁치처럼 가늘고 길다는 뜻이다.

내가 중고등학교 때는 조회나 행사 시간이면 키가 큰 사람이 앞에 서고 키가 작은 사람이 뒤에 서는 식으로 정렬했다. 이는 군대식 방법인데 앞에 큰 사람을 내세워야 상대방에게 위압적으로 보여서 그렇다고 한다. 덕분에 나는 항상 앞줄에 서 있었는데 무슨 일로 선생님이 화가 나면 앞줄부터 나오라고 해서 매를 든다. 내가 잘못한 것은 없다. 그런데도 단체로 매를 맞을 때는 내가 항상 먼저 맞는다. 선생님도 두세 사람 체벌하다가 그친다. 그러니 나는 매타작 단골 학생이었고 키에 대한 콤플렉스가 강화되는 원인이 되었다.

선배 한 분이 결혼했을 때의 이야기를 들려준 적 있다.

이 선배는 보통 사람보다 키가 작았다. 결혼식을 마치고 신랑 신부 사진을 찍는데 사진사가 발판을 가지고 와서 올라서라고 했단다. 신부는 키가 크고 자신은 키가 작았기 때문에 높이를 맞추려면 그래야 했나보다. 그런데 이 선배는 여러 사람이 보는 앞에서 발판을 발로 차 버렸다. 이 선배 역시 나처럼 키에 대한 콤플렉스를 가지고 있었는데, 발판을 뻥 차버렸다니 어떻게 해석해야 할까? 자신이 가지고 있는 열등감을 극복하는 행동이었을까? 아니면 그 열등감에 화가 나서 그런 행동을 했을까? 이 일화만으로는 알 수는 없다.

키처럼 신체상에 관한 열등감이면 눈에 보이기라도 하는데 마음의 열등감은 관찰하기가 쉽지 않다. 그 사람이 어떤 말이나 행동을 할 때가 되어서야 미루어 짐작할 수 있는 무형의 감정이다. 이 모두 서로 비교하는 데서 비롯된다. 지구에 인류가 나 하나밖에 없다면 누구보다 잘나고 못날 일이 없지 않겠는가.

흔히 비교하는 습관을 버리라고 하는데 잘되지 않는다.

비교는 인간의 본능에 가깝다. 차라리 '억울하면 출세하라'는 조언이 현실적이다. 열등감이 싫다면 그 열등감을 극복하고 우월감을 가지라는 뜻이다. 자기 분수를 알고, 그 분수를 활용하여 열등감을 손바닥 뒤집듯이 우월감으로 뒤집어야 한다. 분수라는 말은 듣기에 따라서 비하하는 뉘앙스로 느껴지겠지만 그런 뜻이 아니다. 일찍이 소크라테스가 주장했듯이 '자기 자신을 정확히 알라'는 의미다. 그 고대의 철학자는 '나는 나 자신을 모른다. 그러나 내가 누구인지 모른다는 사실은 알고 있다'라고 덧붙였다고도 한다. 사실 자기 자신을 직시하고 있는 그대로 가감 없이 보기란 그리 쉬운 일이 아니다.

불가에서는 인격 발달의 과정을 팔정도八正道라고 표현하는데 그 첫 단계가 자기 자신을 바로 보는 것이다. 정견正見, 정사유正思惟, 정어正語, 정업正業, 정명正命, 정념正念, 정정진正精進, 정정正定 가운데 정견이 바로 자기 자신을 바라보는 과정이다. 부처의 가르침 중 불취외상 자심반조不取外相 自心返照라는 말도 있다. 외면을 취하지 말고 안에 있는 마음을 관찰하라고 해석할 수 있다. 겉으로 드러나는 상相에 집착하는 어리석음을 버리고 마음을 차분히 가라앉힌 다음 내 마음을 거울에 투영해 보라는 충고다. 결국 열등감과 우월감은 모두 내가 만들어낸 착각이며 거울에 비춘 나의 모습에서 버릴 것과 취할 것을 가감 없이 골라내면 나를 옭아매던 망념은 사라지게 된다.

자기 자신을 정복하지 못한 사람은
결코 자유로울 수 없다.

_고대 그리스의 철학자, 에픽테토스Epiktētos

소크라테스는 아테네 권력층의 미움을 산 나머지 사형을 선고받고 독배를 마시며 삶을 마감했다. 그는 독배를 마시기 전 사랑하는 제자 플라톤에게 이렇게 말했다고 한다.

"사는 것이 중요한 문제가 아니라, 바로 사는 것이 중요하다."

그렇다면 이 '바로 사는 것'이란 과연 무엇일까? 소크라테스는 '바로 사는 것'에 대해 이렇게 설명했다.

"첫째로 진실하게 사는 것이요, 둘째로 아름답게 사는 것이요, 셋째로 보람 있게 사는 것이다."

그런데 이 말은 참 추상적이다. 그래서 소크라테스는 이를 실현하기 위해서 '어떻게'라는 궁금증을 가지고 실현할 방법을 찾아야 한다고 설파했다. 나는 그가 주문한 '어떻게'라는 질문에 '자신이 가지고 있는 열등감이라는 자산을 활용하라'고 답하고 싶다. 그 숨겨진 자산이 무엇인지는 각자가 더 잘 알고 있을 터. 그 자산에서 시작된 원동력을 끄집어내는 일이야말로 우리 삶에 맡겨진 과업이다. 지금 나는 어디에 있을까. 나는 어떤 사람인가. 내 마음의 거울은 혼탁한가, 아니면 맑은가. 이런 나를 어떻게 활용할지는 자신의 몫이다.

네모난 세상에
동그라미로 살아남기

해외에서 책임자로 일하는 친지가 있었다. 그는 가족을 함께 데리고 나갔고 두 아들은 국제학교를 다니며 한국과는 다른 방식의 교육을 받고 자랐다. 해외에서의 일을 마치고 몇 년 만에 귀국한 그는 두 아들을 한국의 중학교에 편입시켰다. 그런데 아이들과 학교 사이의 갈등이 심했다. 아이들이 해외에서 배운 학습 방법과 우리나라에서 배우게 된 학습 방법이 너무도 달랐기 때문이다.

아이들은 선생님의 수업을 조용히 듣기만 해야 하는 주입식 교육을 전혀 이해하지 못했으며 달달 암기해서 치러야 하는 시험에도 적응하지 못했다. 국제학교에서는 학생에게 토론을 많이 시켰고 대화를 통해 답을 찾아 들어가는 일이 많았다고 한다. 아이들의 문제는 학업에만 그치지 않았다. 선생님에게는 문제아로 지목되었고 또래 친구들로부터는 '우리랑은 다른 아이'라는 평가를 받아 따돌림의 대상이 되기도 했다.

이처럼 내가 따르는 삶의 방식과 주변에서 행해지는 삶의 방식이 다르면 살아가기가 여간 고통스럽지 않다. 이 친지는 결국 한국 사회에 녹아들기를 포기하고 주변 환경으로부터 탈출하는 길을 택했다. 그는 아예 미국 유학길에 올라 본격적으로 공부했고 국제 변호사와 회계사 자격증을 취득한 후 두 아들과 함께 이민을 갔다. 말썽쟁이 취급을 받던 아이들은 다시 해외로 나가게 되자 안정적으로 자리 잡았다고 한다. 결과적으로 잘된 일이지만 누군가는 이렇게 말할 수 있다.

"아이들을 위해서 이민 가기가 쉽나요. 유학도 가고, 자격증도 따려면 돈과 시간이 얼마나 드는데요."

현실에서 탈출하려면 많은 자원이 필요하다. 보통 사람

은 그래서 참고 산다. 옛말에 참을 인忍 세 번이면 살인도 면한다던데 참고 또 참으면 이루지 못할 일이 무엇이랴. 직장을 당장 때려치우고 싶다가도 이번 달에 나올 카드값을 생각하면 또 한 번 참아진다. 윗집 층간 소음에 신경질이 벌컥 나지만 이사라도 가려니 일이 커진다 싶어 그냥 참기로 한다.

이렇게 말하면 힘없고 용기 없는 사람이 선택하는 비겁한 수단처럼 들리겠지만, 인내는 인생에서 중요한 덕목이다. 인내를 전혀 하지 않는 사람이 있다고 해보자. 그 사람은 어떤 기준으로 행동할까? 그때그때 먹고 싶은 대로 먹고, 자고 싶은 대로 자며 본능에만 충실한 삶을 살 것이다. 잠깐의 쾌락과 흥미만 추구하는 모습을 요즘 '도파민의 노예'라고 부른다던데 딱 그런 꼴이다. 이런 사람을 두고 고차원적이라고 할 수 있을까?

수십 년 전만 해도 우리는 나 자신을 죽이고 견디는 문화에 익숙했다. 여기에 대한 반발일까. 지금 젊은 사람들은 옛날에 비해 자기주장이 강하며 억지로 참으려고 하지 않는다. 그래도 참을 인 자를 세 번은 아니어도 좋으니 한

번쯤 지니면 좋겠다. 무기력하게 고개를 숙이라는 뜻이 아니다. 그 한 번의 인내를 통해서 자기가 처한 상황을 객관적으로 바라보는 잠깐의 여유를 확보하기를 바라기 때문이다. 지나고 난 뒤에 '그때 좀 참았더라면……' 하고 후회하는 것만큼 안타까운 일이 없다.

≈≈≈

인내는 희망을 갖기 위한
한 가지 기술이다.

_프랑스의 사상가, 보브나르그Vauvenargues

　그런데 한 번은 탈출도 아니고 인내도 아닌 방식을 목격한 적이 있다. 내가 의과대학 교수로 재직하던 당시 수련의와 간호사 사이에 다툼이 벌어졌다. 두 사람은 나에게 찾아와 누가 옳은지 심판해달라고 하면서 각기 주장을 굽히지 않았다. 나는 두 사람에게 따라오라고 하고는 내 연구실로 데리고 가 이렇게 주문했다. 나는 나가볼 테니 여기서 둘이 다투어 결말이 날 때까지 있어라. 그리고 거기서 얻은 결론을 가지고 나에게 와서 알려달라. 그러고는 방문을 잠그고 병실로 돌아왔다. 둘은 몇 시간이 지난 후 한층 진정된 모습으로 나를 찾아와 서로 합의한 점을 알려주었다. 내가 듣기에는 서로가 조금씩 양보한 듯 보였다. 내가 둘 사이에 끼어들면 사공이 많아져 배가 산으로 가지 않을까 걱정했는데 예상한 것보다 더 좋은 결과가 나왔다. 둘 중 한 명이 탈출하겠다며 병원을 그만두지도 않았고, 일방적으로 참는 사람도 생기지 않았다.

사람의 성격은 갠지스강의 모래알만큼 많다고 한다. 그만큼 사람마다 각기 다른 성격을 지니고 있다는 뜻인데 이런 차이가 부딪히지 않을 수 없다. 충돌이 생겼을 때 어떤 방식을 선택할지는 전적으로 개인의 성향과 가치에 달려 있다.

잔잔한 수면에 조약돌을 하나 던져 보자. 어떻게 될까. 일파만파 동심원이 퍼져나갈 것이다. 그 하나하나의 동그라미는 위아래로 출렁이는 물결을 일으키며 나름의 사연을 만들고, 그 사연 속에는 불확실성과 불안, 실패와 위험이 도사리고 있다. 누군가 내 삶에 조약돌을 던지는가. 혹은 세상의 물결이 나를 흔들리게 하는가. 부레옥잠처럼 둥실둥실 떠다니든, 송사리가 되어 수면 아래를 헤엄쳐 나가든 선택은 각자의 몫이다.

나를 평가하는 당신은
나를 얼마나 아는가

내가 의과대학에서 만난 여자 선배가 있었는데, 그 선배는 하버드 대학병원에서 수련을 마치고 그곳에서 펠로우로 얼마간 근무했다. 그 후에는 다시 한국에 돌아와 일할 생각으로 여러 대학병원에 자기소개서를 써서 보냈는데, 상당한 인재니 여기저기서 모셔갈 듯하지만 당시에는 그렇지 않았다. 1970년대만 해도 요즘처럼 이력서와 자기소개서를 여러 군데에 돌리고 합격한 곳 가운데 하나를 선택하는 문화가 없었다. 반대로 대학병원에서 먼저 일하고 있는 교수의 발탁을 받아야 교수 겸 의사로 생활할 수 있었던 시절이다.

하지만 선배가 공부하던 당시의 미국에서는 직접 이력서를 뿌리는 일이 이미 흔하게 자리 잡은 상태였고 선배역시 그에 맞게 한국의 여러 병원에 이력서를 넣었다. 선배에게 서류를 받아 든 몇몇 대학의 정신과 주임 교수는학회에서 서로를 만나기 바쁘게 선배에 대한 뒷말을 흘렸다. 뒷말의 정체는 건방지게 자기를 조교수 시켜달라고 하면서 연봉을 얼마 달란다고 내걸었다는 흉이었다. 나도 그때 학회에 참석했다가 이야기를 엿듣게 되었다. 지금 생각하면 하나도 문제가 되지 않을 내용이지만 그때는 흉이 되었다. 결국 선배는 고국에 정착하지 못하고 미국으로 돌아가 버렸다.

그리고 시간이 흘러 강산이 바뀌었다. 이번에는 내 친지중 하나가 취업을 준비하게 되었다. 상담으로 석사에 박사까지 지낸 재원이고 한국과 외국에서 열리는 세미나와 단기교육에 참여하며 경력을 활발히 쌓았다. 학력도 최고, 경험도 최고. 이런 배경을 가진 그가 취직 시험에만 응시하면늘 낙방했다. 그의 실망은 갈수록 대단히 커졌다. 한번은 면접을 치르는데 면접관이 그에게 이렇게 말했다고 한다.

"지원하신 분은 학벌도 탄탄하고 이력도 풍부한데 현장 경험이 없네요."

이 말을 듣자마자 내 친지는 '이번에도 떨어지는구나!'라는 생각이 들어 거듭 고배를 마신 울분이 터져 나왔다고 했다. 그래서 어차피 떨어진 시험인데 속이나 시원해지자며 이렇게 쏘아붙였다.

"네, 그러네요. 어디서든지 저를 뽑아주셔야 실무 경험이 생길 텐데 말이죠!"

후련하지만 마음 한구석은 어쩐지 허전한 상태로 집에 돌아와 며칠이 지났는데 생각지도 못한 합격 통지서가 날아왔다. 그는 내게 그런 말을 해놓고 어떻게 뽑혔는지 모르겠다고 덧붙였다. 나는 프랑스의 철학자 사르트르를 흉내 내며 농담했다.

"말로나마 행동하는 지성이라고 판단했기 때문에 뽑혔나 보지."

～～～

절대로 고개를 떨구지 마라.
고개를 꼿꼿이 치켜 들고
두 눈으로 똑똑히 세상을 보라.

_미국의 사회운동가, 헬렌 켈러^{Helen Keller}

　지금 세상에서는 적극적으로 자신을 표현하지 않으면 아무도 알아주지 않는다. 옛날에 겸손이 미덕일 수 있었던 데는 다 이유가 있다. 자기 입으로 말하지 않아도 옆에서 이심전심으로 챙겨주는 관행이 있었지 않았는가. 그러나 지금은 다르다. 20~30대만 취업 전선에 나서는 게 아니라 40대를 넘어 50~60대까지 일자리를 알아본다. 그럭저럭 괜찮은 자리 하나에 수십, 수백 명이 달라붙어 싸운다.

　젊은이는 젊은이대로 사회생활을 시작해 보지도 못하고 놀 수도 없으니 절박하고, 중년은 중년대로 가장의 무게를 짊어지느라 벼랑 끝에 매달려 있다. 부모 세대와 자식 세대가 다 같이 허우적거리고 있는데 여기에서 누가 누구를 챙겨주니 마니 하겠는가.

게다가 경쟁이 과열되자 '왜 하필 내가 떨어졌는가' 하는 불만이 터져 나온다. 지필고사든, 면접이든 완벽하게 공정한 평가란 애초에 불가능하다. 그 불완전한 평가가 우리 인생을 가른다.

옛 친구의 이야기가 떠오른다. 그가 듣는 수업의 교수는 시험을 따로 보지 않고 대신 수업 시간에 한두 번 발표를 시킨 후 점수를 매겼다. 학기 말이 되면 마치 중고등학교에서처럼 통지표를 보호자에게 직접 우편 발송했다. 그런데 편지를 받은 학부모 사이에서 난리가 났다. 통지서에는 점수와 함께 각각 이런 문구가 적혀 있었다. 그 내용이 사뭇 이채롭다.

1. 진급할 수 있는 수준이다.
2. 더욱 노력한다면 진급할 수 있는 수준이다.
3. 등록금이 아깝다. 등록하지 말라.
4. 지금 당장 학교를 떠나라.

이런 통지표를 받았으니 학부모가 놀라지 않을 수 없었

다. 등록금이 아깝다고 등록하지 말라는 판정을 받은 내 친구는 울분이 터져 술 한잔 마시고 교수 연구실을 찾아갔다. 마침 그 교수의 조교가 자기 고등학교 선배라서 하소연이라도 할 속셈으로 찾아간 것이다. 그런데 점점 언성이 높아졌고 그 광경을 목격한 교수는 학생이 와서 폭력을 행사한다고 생각해 형사고발을 했다. 조사 끝에 그는 실형을 살고 학교도 퇴학 맞아 우리 곁을 떠났다.

다른 한 친구는 똑같은 통지서를 받고 역시 그 교수를 찾아갔다. 참고로 그 교수는 무섭기로 악명이 높았지만 이 친구는 기왕 낙제할 것이라면 말이라도 해보자는 심정으로 그 무서운 연구실에 찾아갔다.

"교수님, 교수님은 저에 대해서 얼마나 알고 계세요?"

그는 저돌적 질문을 던져 교수를 구석으로 몰았다. 친구의 주장은 당신이 나를 제대로 알지도 못하면서 등록을 하니 마니 판단한다면 옳지 않다는 논리였다.

가만히 생각해 보면 친구의 말에는 일리가 있다. 강의 중에 한두 번 질문하고 대답한 것을 가지고 진급 여부를 판단하다니……. 사실 우리는 모두 그 교수의 방식이 옳지 않다고 생각하면서도 입 밖으로 꺼내 지적하지는 못하고 있었다. 내 친구는 이 사건을 계기로 다시 평가받아 진급도 하고 졸업도 했다. 그 후 모교에서 교수로 남아 학장을 비롯한 여러 보직을 맡으며 모교의 발전에 이바지했으니 그때 학교를 떠났더라면 아쉬울 뻔했다.

그러니 지금 발버둥 치고 있는 모든 이에게 말하고 싶다. 세상으로부터 낙제 점수를 받았다고 해서 그 평가가 절대적이지는 않다고. 나의 가능성은 나조차 정확히 알 수 없어 미래가 되어야만 확인되는 법이다. 직장에서 밀려났거나 사업에 실패했어도 괜찮다. 인간관계에서 실수했어도 끝은 아니다. 나를 평가하는 모든 잣대 앞에서 당당해지기를 소원한다.

3부 ──── 인생이란 길고 긴 터널에서
길을 잃지 않으려면

If you think there

nothing mor

나는 죽을 때까지
재미있게 살고 싶다

인근에 있는 쇼핑몰에 갔다. 가족과 나들이를 갔는데 한낮이라 산책하기에는 기온이 너무 높아 시원한 곳을 찾느라고 들렀다. 이 쇼핑몰은 가로로 길게 펼쳐진 구조로 4~5층 정도 되었다. 그러니 한 층의 끝에서 반대편 끝까지 걷고, 계단으로 다음 층에 올라가 또 한 바퀴 돌고, 이렇게 걷다 보면 하루 운동량을 채우기에 충분하다.

천천히 꼭대기까지 올랐다가 다시 그 길을 반복하여 내려오던 중 쉴 만한 의자가 있어 잠시 걸터앉았다. 요즘 쇼핑몰은 단순히 옷이나 물건을 사는 곳이 아니다. 가족끼리 여가를 보내기 좋으라고 별별 시설을 모아놓았다. 영화관에 어린이 놀이터는 기본이고 애완견을 위한 운동장도 있다. 화려하고 시원하다.

그런데 갑자기 '그래 봤자지'라는 냉소적인 생각이 가슴을 스친다. 이게 무슨 뜬금없는 맥락일까. 조금 전 식사한 음식점에서 밥값이 생각보다 많이 나오는 바람에 놀라서 울적한 감정이 불쑥 떠올랐는가. 아니다. 오로지 행복이라는 감정만 드러내는 듯한 인파에 묻혀서 이런 생각을 한 까닭은 문득 '내 삶이 허무하다'는 심정에서 비롯되었을 것이다.

나는 몇 년 전 《나는 죽을 때까지 재미있게 살고 싶다》라는 책을 내며 출간을 계기로 여기저기서 강연을 했다. 그때 거듭 강조하고 반복했던 말이 있다.

'그럼에도 불구하고.'

나는 평소에도 이 말을 즐겨 쓰며 주변에도 권했다. 몹시 어렵고 심각한 상황이 닥치더라도 그냥 인정하고 나서 '그럼에도 불구하고 솟아날 구멍은 없을까?'라는 마법의 주문을 생각하라고 일렀던 것이다. 그러던 내가 그 안락한 공간에서 잠시 쉬는 동안 '그래 봤자'라며 허무에 잠시 눌렸으니……. 내가 하고 다니던 말을 내가 어길 수는 없다. 그래서 나도 '그럼에도 불구하고'라고 자신에게 최면을 걸며 스스로를 꾸짖었다. 다행히도 나를 엄습했던 잠깐의 허무는 사라졌다.

~~~~~~

희망이란 말은 희망 속에 있지 않고
절망 속에서 피어난다.
그 꽃에 이름이 있다면
그 이름은 아마 '그럼에도 불구하고'일 것이다.

_캐나다의 소설가, 루시 모드 몽고메리Lucy Maud Montgomery

　친구 중에 일생을 교수직에 있으면서 후학을 잘 가르치기로 유명한 이가 있었다. 수많은 논문과 책을 쓰며 바쁘고 보람있게 살았다고 해도 좋다. 많은 후배가 그의 학자다운 삶을 부러워하고 존경했다. 그런 그가 정년 퇴임을 하고 나서는 나에게 이런 말을 들려주었다.

"내가 일생을 살아오면서 해놓은 일이 아무것도 없어."

나는 깜짝 놀랐다. 그의 업적은 물론이고 객관적인 성과가 한둘이 아닌데 해놓은 일이 없다니 이해하기가 어렵다. 증거를 나열하면서 왜 그런 소리를 하느냐고 되물었지만 그는 시원찮은 답만 들려준다.

"그래 봤자지. 다 헛된 거야."

허무에 깔린 그에게는 어떤 말도 도움이 되지 못했다.

다른 한 친구는 젊은 시절 이름이 널리 알려진 대기업에 입사하여 계열사 사장까지 승진하더니 정년을 맞아 기쁘게 퇴임했다. 그가 사장으로 있는 동안에 회사는 크게 발전했고 수익도 많이 올렸다. 누구에게 내세우더라도 자랑스러울 전력이다. 그런데 이 친구도 은퇴하고 나서는 집안에만 들어앉아 바깥출입이 드물다. 한창 일하고 살던 시절에는 회사에 시간을 빼앗겨 모임 같은 데 자주 나오지 못했다고 치겠지만, 이제는 남는 것이 시간인데 오히려 얼굴 보기가 더 어렵다. 그는 나를 만날 때마다 이렇게 털어놓았다.

"시간이 남아서 골프라도 쳐볼까 하는 생각이 나더라고.

그래서 옛날에 함께 일했던 부하 직원한테 전화해 봤는데 지금은 회사 일이 바빠서 약속을 할 수가 없다고 하네. 전화를 다른 데로 돌려서 물어봤는데 거기서는 미리 잡은 일정이 있어서 못 온다고 하고."

이렇게 두세 번 더 다이얼을 돌리고 나면 울화가 치민단다. 본인이 사장으로 있을 때는 만사 제치고 오더니 이제는 바쁘다, 선약이 있다며 거절만 돌아오는 신세를 받아들이기가 어렵고 괘씸하단다. 그러니 이어져 오는 감정은 분노다. 이 분노를 삼키지 못하면 우울증에 빠진다.

수십 년 전 모 대통령 때 핵심으로 일했던 친구가 하나 있다. 그는 정권이 바뀌면서 여러 가지 일로 곤욕을 많이 치렀다. 그는 나에게 이렇게 말했다.

"실세가 무엇인지 이제야 깨달았다."

자기가 한창 힘 있을 때와 권력에서 밀려난 처지에 있을 때, 주변에서 자기를 대하는 태도를 보고 크게 놀랐다는 이야기였다. 새삼스러울 것도 없다. 화무십일홍花無十日紅이란 말이 있지 않은가. 오래전부터 내려온 말인데 막상 그 말이 내 처지가 될 줄은 아무도 몰랐나 보다. 한 번이라도

꽃이 지고 난 후를 생각하고 지냈더라면 지금 같은 소외
감은 느끼지 않았을 텐데……

다시 돌아와서, 내가 화창한 휴일에 맛있는 점심을 먹고
화려한 쇼핑몰 의자에 앉아 쉬는 동안에 불쑥 나를 엄습
했던 허무란 논리적인 설명이나 사전적인 의미로는 풀어
내기 어려운 체험이다. 늙고 나이를 먹으면 누구나 허무를
경험하기 마련이지만 이왕이면 짧게 겪을수록 좋다.

나는 종종 이런 감정을 터널에 비유한다. 긴 터널도 있
을 것이고, 짧은 터널도 있을 것이다. 그런데 긴 터널보다
는 짧은 터널을 통과하면서 느끼는 감정의 농도가 더 큰
문제다. 긴 터널을 지날 때는 희망이라는 한 줄기 빛을 떠
올리며 그나마 따라가게 되지만 짧은 터널은 그 한 줄기
빛이 손에 잡힐 듯하니 오히려 상심의 정도가 비교될 바가
아닌 셈이다.

내 삶은 어떠했는가? 무엇이 나의 가치관일까? 길고 긴
터널 속에 길을 잃지 않고 나를 지탱하도록 만든 이는 누
구였는가? 어처구니없는 물음이지만 그래도 생각해 본다.

내 마음속에 반딧불을 키우고 의지하면서 지금까지 걸어왔으니 앞으로도 그럴 것이다. 내가 최면처럼 읊조리는 '그럼에도 불구하고'라는 채찍으로 나를 꾸짖음으로써 허무가 물러나니 감사할 일이다.

인연이 무엇이기에

어느 스님이 난초 화분 하나를 선물로 받아 선방禪房에
두고 가꾸며 이를 소소한 낙으로 삼았다. 난초의 청아한
모습도 모습이려니와 매일 물을 주고 가꾸며 잔손질하는
재미에 점점 마음이 쏠렸다. 아침에 눈 뜨면 잘 자랐는가
살피고, 저녁에 잘 때는 찬바람을 타지 않을까 걱정하며
키웠다. 멀리 여행이라도 떠나는 날이면 난초 걱정에 공연
히 마음이 번거로워졌다. 날이 맑으면 물이 부족해 말라
죽지 않을까, 비가 오면 뿌리가 썩지 않을까, 혹시 바람이
불면 이파리가 부러지지 않을까 근심했다. 나중에는 아예

마음 나쁜 사람이 있어 그냥 말도 없이 들고 가지나 않을까 하는 생각까지 들었다. 전에 없던 오만가지 걱정이 떠올라 여행도 제대로 하지 못하고 돌아와 보니 난초는 그대로란다. '아, 이 모두가 내 마음 탓이었구나' 하고 깨달은 스님은 그 난초 화분을 다른 사람에게 보내버렸는데 마음이 그렇게 홀가분할 수가 없었다고 했다.

난초도 인연이라면 인연이었을 텐데 그 인연이란 녀석은 번뇌를 낳는가 보다. 살다 보면 나를 괴롭히는 인연을 만나게 된다. 이러한 상처가 거듭되면 새로운 인연을 맺는 일이 두려워지기도 한다. 하지만 때로는 지나간 인연을 그리워하며 후회하기도 하는 법. 잡힐 듯 잡힐 듯 손가락 사이에서 오락가락하는 그 무언가가 내 눈앞에 늘 어른거린다.

무얼까? 내 주변에서 왜 이리 맴돌고 있을까? 곰곰이 생각해 보니 나와의 수많은 인연이다. 나를 스쳐 간 사람, 나와 이해관계를 가지고 있었던 사람, 나에게 마음의 아픔을 하소연하고 치유받고자 했던 사람, 그리고 치유 끝에 마음을 추스르고 나를 찾아왔던 인연들이 이제는 내 머릿속에서 하나하나 지워져 간다. 아! 벌써 그 귀한 인연을 지워나가야 할 때인가 하는 서러움이 밀려온다. 아직은 그러고 싶지 않은데, 앞으로도 새로운 인연을 만들고 싶은데……. 욕심 아닌 욕심을 탐내본다. 손가락을 오므리면서.

인연이란 어디에서 찾아올지 알 수 없는 법이다. 수십 년 전 젊었을 때 이야기다. 나와 같이 정신의학을 전공하고 군 복무도 함께한 후배 하나가 있었다. 그는 후송 병원의 정신과 과장으로 지냈는데 그의 아래에는 당번병도 달려 있었다. 공식적 직책은 아니고 환자 중에 한 명을 골라 군의관의 잔심부름을 맡기는 식이었다. 하루는 심심해서 당번병에게 혹시 누나가 있으면 외박을 보내주겠다고 농담을 던졌다. 공교롭게도 당번병에게는 친누나가 있었고 농담이었지만 한번 뱉은 약속이니 외박을 내보냈다. 그랬더니 얼마 후, 전보가 날아왔다.

"누나 상경 서울역 마중 바람."

그 누나라는 사람의 얼굴도 이름도 모르니 황당했지만 일단 마중을 나가지 않을 수 없었다. 군복을 차려입고 역으로 찾아가니 기차가 도착했다. 수많은 승객이 내려 우르르 출구로 다가오는데 먼발치에서 유독 한 사람이 눈에 띄었다. 혹시 저 사람이 당번병의 누나면 좋겠다고 생각했단다. 왜 그런 생각이 들었는지 설명할 길은 없지만 그의 생각은 사실이었고 이 인연으로 둘은 결혼하여 아들딸 낳고 잘 살았다.

후배가 말하기를 당번병의 누나를 만나기 전까지 선을 50번도 더 봤지만 장가들기는 어려워 보였다고 했다. 내가 좋다고 하면 상대방이 싫다고 하고, 상대방이 좋다고 하면 내 마음이 움직이지 않았기 때문이다. 그런데 농담 한 번에 일이 풀리다니, 사람 일은 어찌 될지 모른다는 옛말이 딱 맞다. 피천득 작가도 이렇게 말하지 않았는가.

"그리워하는데도 한 번 만나고는 못 만나게 되기도 하고, 일생을 못 잊으면서도 아니 만나고 살기도 한다."

그러고 보면 나에게도 최근 생긴 인연이 하나 있다. 어찌 보면 좋은 인연이고, 어찌 보면 좀 안 좋은 인연이다. 내가 사무실로 쓰는 공간 주변에는 자그마한 숲이 있다. 어느 날 길고양이가 왔기에 사무실에서 밥을 챙겨주었더니 고양이라는 녀석이 아예 제 식구를 데리고 아침마다 밥을 먹으러

온다. 아침에 출근해 문 여는 소리를 듣고 반갑게 맞아주는 그 어리디어린 행동과 밤새 기다렸다고 하소연하는 그 눈망울을 침침한 눈으로 유심히 살펴보면 "왜 이제 왔어요! 빨리 밥 주세요!" 하는 무언의 시위가 들린다. 인연이란 꼭 사람과 사람 사이에서만 생기지 않는 법이구나! 내 앞마당과 같은 땅에서 새끼를 낳고, 밥을 먹고, 생활하니 너희와 나는 전생에 혹 부모 자식의 연이 아니었나 생각해 본다.

한쪽으로는 흐뭇하지만 다른 한쪽으로는 좀 서럽기도 하다. 너희가 축생이 아닌 사람으로 태어났다면 좀 더 다정다감했을 텐데……. 인과응보因果應報라 했던가. 전생에 내가 선을 많이 행하여 현생에는 축생과도 인연이 닿아 한 공간에서 지내지 않는가 하는 생각에 입가에 잔웃음이 살짝 내려앉는다.

얼굴 아는 이야 천하에 가득하되
마음 아는 이는 과연 몇이나 될까.
_《명심보감》 중에서

인연이란 무엇일까? 셀 수 없이 많은 사람과 나는 어떤 인연을 맺었을까? 좋은 인연, 나쁜 인연, 그저 그런 인연이 내 주변을 스치고 지나갔으니 나도 참 여러 인과응보 속에 다양한 인연을 만들었다고 추억해 본다. 사람이 살아가면서 어찌 좋은 일만 있겠는가. 그 삶 속에는 피치 못할 사연도 있었을 것이고, 죽고 싶은 마음이 들 때도 있었을 테며, 행복한 순간도 맛보았을 것이다.

혹 삼나무를 아는가? 얼마 전 메일을 한 통 받았는데 거기에 삼나무에 대한 이야기가 있었다. 미국 캘리포니아 북부에 서식한다는 이 나무는 크기가 어마어마해서 높이 자라나는 개체는 91미터까지도 성장한다고 한다. 하지만 이토록 커다란 나무의 뿌리는 우리가 생각하기에는 우스울 정도로 얕게 뻗쳐 있어 지표에서 고작 1미터나 1.5미터밖에 되지 않는다고 하니 너무나도 의아하다. 어찌 저리 기다란 나무가 깊지도 않은 뿌리를 내린 채 버티고 있을까? 그 답이 메일에 있었다. 삼나무는 살아남기 위해서 서로의 뿌리를 잡고, 또 그 옆의 뿌리를 잡으며 서 있단다.

'그래, 맞다. 인연이 무엇인지가 바로 이곳에 있었구나.'

심연의 울림이 전해온다. 얽히고 얽힌 상태로 지금까지 내 주변을 맴돌고 있던 인연들이 서로를 붙잡고 놓치지 않기 위해 애쓰고 있었다 생각하니 안심이 된다.

헬렌 켈러는 이렇게 말했다.

"세상에서 가장 훌륭하고 아름다운 것은 볼 수도 만질 수도 없습니다. 마음으로 느껴야 합니다."

인연도 그렇다. 볼 수도 만질 수도 없으니 마음으로 느껴야 한다. 인연은 남의 마음에서 오는 것도 아니고, 타인이 나를 어루만져 준다고 해서 오는 것도 아니다. 내 마음이 평온하고 온화하면 그 인연은 스스로 나를 찾아온다. 봄날에 휘날리는 풀씨가 날아와 생명 부지의 땅에 뿌리를 내리는 것도 인연이고, 졸졸 흐르는 냇물이 하염없이 흘러 강물이 되어 바다를 만나니 그것도 인연이다.

전생, 현생, 후생 동안에 끊어지지 않을 깊은 연분이라는 뜻의 삼생연분三生緣分이란 사자성어가 있다. 그만큼 인연이란 끈질기다. 나에게 좋지 않은 인연이 있다고 해도 그 인연을 어찌 버리겠는가. 비록 나에게는 버거운 인연일지라도 내 마음의 한쪽에는 이미 다가와 자리잡고 있으니

버릴 수 없다. 그 좋지 않은 연緣을 다스릴 뿐이다. 인연이 닿으면 언제 어디선가는 부딪힌다던데 하필 나쁜 인연이었다면 번뇌를 남길 것이다. 스님이 선물 받았던 난초 화분처럼. 그렇다고 해서 이런 인연을 상처만 주고 간다고 하지는 말자. 도교에는 이런 말도 있다.

'흙에 새긴 글씨는 물에 젖으면 없어진다. 우리 내면의 상처도 부드럽게 다스리면 아문다.'

바닷가 모래밭에 새긴 글씨는 파도가 밀려와 지워버린다.

계절에 맞지 않는 비와 더위로 실내가 후덥지근하다. 또 한줄기 비가 오려나 보다. 식탁 위에 올려 있는 꽃바구니를 물끄러미 쳐다본다. 시든 꽃이 몇 송이 보인다. 한 송이, 두 송이 뽑아내며 '너와의 인연은 이걸로 끝이구나' 생각하니 서럽다. 그동안 나에게 기쁨을 준 곱디고운 자태가 아른거리고, 그 향기를 더는 맡지 못하니 아쉽다.

남은 꽃송이라도 잘 간직해야겠다는 마음으로 시원한 물을 흠뻑 뿌려준다. 가지 마라! 가더라도 아주 천천히 가거라. 그리고 그동안 고마웠다. 너에게만 살며시 고백할 말이 있다. 이제 나에게 남은 절실하고 간절한 소원이 한 가지 있는데 '그저 나쁜 인연도 좋은 인연도 모두가 내 것이면' 하는 간절한 마음뿐이다. 너와의 인연은 끝을 보이지만 이 순간만큼은 고이 간직하련다. 그 기억이 내 곁을 떠날 때까지.

내 옆자리의 당신

인간관계에는 두 가지 기본 유형이 있다. 하나는 부모 자식 관계고, 다른 하나는 부부 관계다. 이 외의 모든 관계는 여기에서 파생되어 나갔으므로 이 두 관계에 잘 적응한다면 다른 인간관계도 덩달아 잘 적응할 수 있다. 부모와 자식은 혈연, 즉 하늘이 내린 천륜이라고도 한다. 한편 부부는 생면부지의 두 사람이 가정을 이루기 위해 맺은 인연으로 핏줄이 이어지지는 않았다. 그러니 일반적으로는 부모 자식보다 부부 관계가 조금 더 어렵지 않을까 생각해 본다.

내가 젊을 때만 해도 적령기가 되면 당연히 결혼하고 자녀를 낳아야 하는 줄 알았다. 그러다가 그 자녀도 성년이 되면 어련히 결혼시키겠거니 생각했다. 그럼 집에는 노부부만 남는다. 대가족 시대에는 혼인을 마친 아들 내외를 데리고 살기도 했지만 요즘은 누가 그러하겠는가. 그러니 자녀가 떠난 빈자리에는 노부부의 늦디늦은 제2의 신혼 생활이 시작된다.

그런데 나이 먹고 맞이하는 신혼은 모 아니면 도다. 어떤 부부는 새댁과 새신랑 부럽지 않게 깨가 쏟아진다. 같이 맛있는 밥을 해 먹고 산책 다니고 영화도 본다. 늙어서도 손을 맞잡고 길을 걸어 다니는 부부를 보면 어리고 풋풋한 커플과는 다른 종류의 예쁨이 느껴진다. 그런가 하면 같은 집에 사는 동거인, 혹은 하숙생처럼 데면데면한 부부도 있다. 심지어 황혼 이혼을 준비하기도 한다.

요즘은 옛날에 비해 남녀 모두 자아 정체감이 뚜렷하고 주체성이 강한지라 이혼이라고 해서 고민 또 고민 끝에 결정하지 않는다. 맞지 않는다 싶으면 바로 결심한다. 나와 더 잘 맞는 사람을 찾아 인생 후반전을 살기 위해 실행한다. 나는 옛날 사람이지만 이혼이 잘못되었다고 생각하지는 않는다. 기껏해야 100년인 짧은 생에서 행복을 찾아 떠나는 일이 어찌 그릇되겠는가. 죽을 때까지 아옹다옹 다투는 모습보다 훨씬 현명한 판단일 수 있다.

그래서 우리 또래는 가끔 젊은 세대의 이혼을 부러워하기도 한다. 내 대학 동기 중에 싱거운 소리를 잘하는 친구가 있었다. 동기 모임에 나오면 매번 좌중의 화제를 휘어잡는다. 입담도 좋고 우스갯소리도 잘하고 재치도 있다. 만날 때마다 그는 이런 말로 우리를 웃긴다.

"나는 이혼에 실패한 사람이야."

사정을 모르고 들으면 이혼하려고 안달이 나 있는데 이루지 못하고 사는가 하겠지만 그는 동기 사이에서 금실 좋기로 유명하다. 이 친구 부부가 관계를 유지하는 비결은 무엇일까. 둘 다 유머 감각이 있어서 소통이 잘되기도 하겠지만 다른 이유가 더 있을 법하다. 나이가 지긋할 때까지 원만히 살아가는 부부를 보면 남다른 재주를 꼭 가지고 있다.

나를 지도하던 의과대학 교수님 한 분은 부부 관계에 대해서 이렇게 말씀하셨다. 환자를 만나면 지금 부부 관계가 어떠냐고 물어보란다. 그래서 돌아온 대답이 "우리 부부는 결혼하고 나서 지금까지 한 번도 싸운 적이 없어요"라면 이혼을 권하란다. 미혼이던 당시에는 전혀 알아듣지 못할 말씀이었다. 부부가 다투다 보면 마음을 다쳐 씻지 못할 생채기가 생기지 않는가. 병원에 찾아오는 환자란 싸우지 않아서 오기보다는 싸우다가 화병이 도져 오는 경우가 아니던가.

　그런데 함께 살면서, 그것도 오랜 시간 생활하면서 단한 번도 부딪히지 않았다면 이는 부부가 아니다. 세상에 의견 맞설 일이 왜 없겠는가. 신혼 시절에는 빨래 벗어놓는 꼴이 마음에 안 들기도 하고, 이부자리 정리하는 습관이 거슬리기도 한다. 아이라도 생기면 갈등은 점점 깊어진다. 부부는 자녀의 양육과 교육이라는 과제 앞에서 일종의 협동전을 펼쳐야 하는데, 누구는 자유롭게 길러야 한다고 하고, 누구는 매섭게 혼내야 나중에 사람 구실을 한다고 한다. 학원 하나를 보내도 형편에 맞춰야 할지, 무리

해서라도 투자해야 할지 고민이 태산이다.

여기서 핵심은 다투는 원인과 방법이다. 가정을 더욱 잘 꾸려나가기 위해서 토론을 하다가 싸우게 되었다면 괜찮지만 눈꼴사납게 자존심을 내세우거나 자기 한 몸 편하자고 이기적으로 굴다가 대립하게 되었다면 끝이 좋을 리 없다. 싸우는 방법도 중요하다. 링 위에서 벌어지는 격투기 시합처럼 정해진 틀 내에서 겨뤄야 하는데, 인신공격을 일삼으며 반칙을 날리거나 링에서 내려온 다음에도 앙금을 가라앉히지 못하면 곤란하다. 잘 싸우는 부부가 오래간다. 그래서 결혼이란 고운 정과 미운 정이 모두 드는 과정이라고 하는가 보다.

나는 아내와 결혼한 지 60년도 넘었다. 결혼 회갑을 지난 셈이다. 연애하던 시절 내가 아내에게 했던 약속이 있다. 첫째, 부부 사이에 신뢰를 가지고 살아가겠다. 둘째, 이 신뢰를 지키기 위해 소통을 잘하겠다. 이렇게 두 가지였다. 왜 이런 다짐을 했느냐 하면 인간이 태어나서 처음으로 인격이 발달하는 기점이 바로 신뢰기 때문이다. 신뢰에서 시작한 인격은 순조롭게 자라지만, 불신에서 시작된 인격은 고통스럽다. 지난 60여 년을 되돌아보면 내 결혼 생활에도 기쁨과 고통이 교차했지만 그래도 이 두 가지 약속만은 잘 지켰다고 자부한다.

그런데 아내 마음은 또 다른가 보다. 한번은 학회가 있어 둘이 영국 여행을 함께했다. 일정한 액수의 돈을 똑같이 나누어 가지면서 '이 돈은 서로에게 허락받을 필요 없이 마음대로 결정하여 쓰쟈'고 했다. 그러다가 백화점에 들렀는데 소위 명품이라고 불리는 제품이 가는 곳마다 널려 있다. 아내는 옷 하나를 만지작거리면서 나를 보고 이렇게 물었다.

"이 치마 어때?"

나는 당연히 이렇게 답했다.

"그걸 왜 나한테 물어."

서로 허락받지 않고 마음껏 쓸 수 있는 용돈을 가지고 있으니 내게 묻지 않아도 된다는 뜻이었다. 이때만 해도 나는 순간의 실수로 평생을 시달릴 줄 모르고 있었고, 알았다 한들 배는 이미 떠났다.

세상에서 가장 어려운 일 중 하나는,
모든 사람이 생각하지 않고 말하는 것을,
생각하면서 말하는 것이다.

_프랑스의 철학자, 알랭Alain

　사람이라면 누구나 상대로부터 인정과 사랑을 받고 싶은 욕구가 있다. 아내는 남편인 나를 통해 이 욕구를 채우고 싶었고 내가 해야 할 말은 "잘 골랐네. 역시 안목이 좋아" 같은 종류였으리라. 그러나 나는 매몰차고 무관심한 발언을 해버렸고 아내는 결국 아쉬움의 한숨을 쉬면서 치마를 사지 않았다. 여행을 마치고 한국에 돌아온 아내는 모임이 있거나 친지를 만나면 내가 영국에서 했던 '그걸 왜 나한테 물어' 사건을 꺼내며 몇 번이나 나를 흉봤다. "내가 저런 사람하고 살고 있네"라며 넋두리를 늘어놓는다.

　아내의 불평을 몇 번이나 반복해서 들으면서 나는 비로소 반성했다. 부부간의 신뢰를 지키겠다는 약속은 깨지 않았으나 소통은 반쪽짜리였다는 사실을 말이다. 매일 환자를 보는 소통 전문가니까 집에서도 잘하고 있다고 착각하고 있었다. 믿음이 있으면 소통은 알아서 뒤따라온다고도 생각했지만 전혀 아니었다. 믿음과 소통은 서로 다른 영역이었다. 하지만 이제 와서 후회하면 무엇하리오. 이미 엎질러진 물인 것을. 아내가 만족할 때까지 영국 에피소드를 듣고 또 들으며 묵묵히 있는 수밖에.

비탄에서 벗어날
골드타임

　내가 정신과 전문의로 일하기 시작한 지 그리 오래되지 않았을 때의 일이다. 지금 듣기에는 웃음거리로 들릴지 모르겠으나 그 시절에는 여러 사람의 입에 오르내린 사건이었다. 금실 좋은 판사 부부가 있었다. 어느 날 갑자기 부인이 타계하자 판사 남편은 부인을 잃은 비탄의 감정을 이기지 못하고 스스로 운명을 달리했다. 신문을 비롯한 모든 매체에서는 이 사건을 아주 크게 보도했고 전국에 모르는 사람이 없었다. 그의 죽음을 두고 수많은 사람이 설왕설래했다.

내가 눈여겨본 점은 가정을 이룬 여성들이 이 판사 남편을 어떻게 생각하는지였는데 부정적 평가보다는 긍정적 평가가 많았다. 긍정적으로 본 까닭은 한 남편의 죽음이야 안타까운 일이지만 그 원인이 부인을 향한 순애보였기 때문이다. 비극으로 끝나기는 했으나 아내를 생각하는 마음만큼은 훌륭하니 내 남편도 그런 사람이었으면 좋겠다는 식이었다.

이런 일이 있고 나서 묘한 문제로 병원을 찾아오는 남성이 늘었다. 상담하면서 공통점을 발견했는데 직장에서 열심히 일하고 집으로 돌아가니 아내가 묻는단다.

"여보, 내가 죽으면 어떻게 할 거야?"

어떤 아내는 뾰족한 말투로 캐묻기도 했다.

"당신은 내가 죽으면 새장가 갈 거지?"

이런 얼토당토않은 말을 하면서 곤욕스럽게 한다고 하소연이다. 하루 이틀이 아니고 여러 날 동안 두고두고 압박하니 상당히 큰 스트레스다. 뭐라고 대답해야 옳을지 판단이 서지 않는다고도 했다. 나는 그 남성들에게 한결같이 대답했다.

"그럴 땐 이렇게 말씀하시죠. '나도 그 판사처럼 따라서 죽을 거야.'"

그랬더니 한 내담자가 자기는 죽기 싫단다. 나는 다시 설명했다.

"부인께서 지금 원하는 대답이 그것이니 부인이 원하는 대답을 해주는 것이 좋겠습니다."

결국 뭐라고 답했을지는 알 수 없으나 만일 내 조언을 따랐다면 부인들은 거짓말인 줄 알면서도 내심 흐뭇해했을 것이다.

그런가 하면 이런 일도 있었다. 이화여대에서 교수로 지내던 때였는데 하루는 대학원 졸업생들이 모여 나를 특별 강사로 초빙했다. 그런데 강의 주제와는 동떨어진 다소 짓궂은 질문이 튀어나왔다.

"남자들은 자기 부인이 죽으면 화장실에 가서 웃는다는데 정말인가요?"

여대 졸업생들 가운데 강사인 나 홀로 남자다 보니 속마음이 궁금했나 보다. 사실 그 졸업생이 이런 질문을 하게 된 동기는 따로 있었다. 졸업 후 알고 지내게 된 남자 동료

하나가 일찍 상처했다. 그는 얼마 후 재혼했는데 집들이 겸 재혼을 축하하는 의미에서 동료들을 집으로 초청했다. 그런데 그 자리에 참석한 이들의 마음이 어쩐지 불편했다. 전해 듣기로 사별한 아내는 고생만 많이 하다가 타계했다 는데 새로 들어온 재혼 여성과는 깨가 쏟아지니 지켜보는 사람의 심기가 꼬일 수밖에 없었다는 것이다. 종로에서 뺨 맞고 한강 건너 눈 흘긴다더니 그 졸업생은 언짢은 심기를 나에게 풀며 질문했다.

"네, 맞아요. 남자들은 화장실에 가서 웃습니다."

이 말이 떨어지기 무섭게 수많은 청중이 나를 향해 일 제히 항의했다.

"남자들은 다 똑같아!"

이렇게 싸잡아서 모든 수컷의 행실로 확대 해석하고 항 의했다. 나는 우스갯소리를 하려던 것이 아니었다. 나의 심리학적 견해에 따라 진정으로 한 말이었다. 배우자와의 사별은 상상할 수 없을 정도로 강력한 스트레스다. 그런 스트레스를 받은 남편이라면 어떤 생각을 가질까? 황망하 기도 하고 앞으로 어떻게 살아야 하나 걱정도 될 것이다.

둘 사이에 자식이라도 있다면 이루 말할 수 없는 비탄에 빠지겠지. 그래서 화장실에 가서 웃을 테다. 새장가를 갈 생각에 즐거워서 웃는 것이 아니라 앞길이 막막해서 실성한 나머지 웃는 것이다. 나는 이런 설명을 대강 끝내고 나서야 농담을 덧붙일 수 있었다.

"여러분, 여기 결혼한 지 오래된 분이 계신다면 지금 죽지 마세요. 죽으려면 진작 죽었어야지 지금은 늦었습니다."

부부로 살기 위해서는 서로 맞춰야 할 일이 많은데 그때 떠났다면 모를까, 이미 정들대로 정든 지금 떠나버려서는 곤란하다는 뜻이었다.

〰〰〰

사랑한다는 것은
두 사람이 서로를 들여다보는 것이 아니고,
함께 같은 방향을 보는 것이라는 것을
우리는 경험에 의해서 안다.

_프랑스의 소설가, 생텍쥐페리Saint-Exupéry

배우자와의 이별 혹은 사별은 중대한 스트레스 원인이다. 개인이 받는 스트레스의 정도를 측정하기 위해 여러 가지 스트레스 요인을 나열하고 점수를 매기는 '사회 적응 척도'라는 심리 검사가 있다. 반세기도 전에 만들어진 검사인데 대상자가 체크한 점수를 종합하여 일정 수준에 이르면 그 사람은 향후 1~3년 사이에 정신장애를 일으킬 확률이 얼마나 된다는 식으로 판별하는 도구다.

이 검사에 따르면 인간이 가장 크게 스트레스를 받는 사건은 사랑하는 사람과의 이별 또는 사별이다. 사랑하는 사람의 범주에는 부모도 있고 배우자도 있으며 아주 가까운 친구도 포함된다. 이런 이와 헤어지는 경우를 100점으로 놓고 기준점 삼아 여타 다른 스트레스 요인은 몇 점쯤 된다고 환산해서 적용한다.

정서적으로 가깝거나 밀착된 대상을 상실하면 그 아픔은 형언하기 어렵다. 이런 상황에 처한 사람의 심리를 연구한 바가 있는데, 가장 먼저 크게 드러나는 반응은 슬픔이라고 한다. 이를 그냥 슬픔이라고 표현하기 어려워서 비탄mourn이라고 따로 부른다. 슬픈 감정을 표현하는 가장 극심한 말로 더 이상 높일 말이 없다. 그런데 이 비탄의 감정은 6개월 정도 지나면 자연스럽게 희미해지고 우리는 일상으로 돌아가는 현상을 보인다. 여전히 슬프기는 하지만 비탄의 감정이 영원히 지속되지는 않는다는 뜻이다.

물론 비탄의 감정을 내려놓지 못하고 끈질기게 오래도록 간직하는 사람도 있다. 비탄에서 일상으로 돌아가는 시기를 놓친 경우다. 이럴 때 붙여진 이름이 우울증이다. 우울증이 지속되면 그에 속하는 정신 병리적인 증상이 생기고 일상에 돌아가지 못하기 때문에 생활 전반에 영향을 받는다. 그러니 비탄에서 벗어나는 골드타임을 잊어서는 안 되겠다.

죽은 아이 나이 헤아린다는 말이 있다. 지금 살아 있다면 열 살, 이제는 스무 살, 이렇게 나이를 헤아려 보지만 그래도 아이는 돌아오지 못할 테니 헛된 일이다. 떠난 사람은 말이 없다. 그렇기에 괴로움과 슬픔, 그리고 그리움은 살아 있는 사람의 몫이 된다. 언제까지 이별의 순간에 멈춰 힘겨운 삶을 유지하며 기나긴 세월을 고통으로 채워나간다.

사랑을 시작할 때 약속했듯이 영원할 수 있으면 좋으련만, 우리는 유한한 존재인지라 언젠가는 끝을 마주해야 한다. 남겨진 이의 비탄을 어떻게 일상으로 연착륙시킬까. 어려운 문제다. 불행 중 다행으로 삶은 우리를 가만히 내버려 두지 않는다. 영화나 드라마 속 주인공이라면 그저 슬퍼하는 일만으로 하루를 보내겠지만 현실을 사는 우리에게는 나가야 할 직장이 있고, 돌봐야 할 가족이 있으며, 내팽개칠 수 없는 집안일이 있다.

장례식을 치러본 사람이라면 그 며칠조차 온전히 상심의 감정에만 빠져 있지 못한다는 사실을 안다. 손님을 맞아야 하고, 대금을 결제해야 한다. 야속하다 싶을지 모르겠으나 이렇게 6개월만 버티면 어떻게든 일상에 복귀하도록 순리가 짜여 있다. 만약 한 해, 두 해가 가도록 일상으로 돌아오지 못하고 있다면 상담자를 만나 도움을 얻기를 바란다.

가득 찬 유리병에는 새로운 구슬을 담지 못한다. 슬픔에 슬픔이 쌓인 가슴에는 지난날의 추억도 자리를 빼앗긴 채 밀려날 뿐이다. 떠난 사람은 남겨진 사람의 기억 속에서 살아간다고 했던가. 우리가 공유했던 찬란한 순간을 되새기고 그 여운을 느껴야 한다. 가끔 머릿속을 스쳐 지나가는 옛이야기가 잃어버릴 뻔한 과거를 살아나게 하니 다행스럽다. 세월이 약이라던가. 담담하게 오늘에 충실해질 것. 그것이 사랑하는 이를 사라지지 않게 하는 힘이 될 것이다.

내게 필요한 건
오직 사랑이었네

　예쁘장하게 생긴 네 살짜리 여자아이가 엄마 손에 이끌려 병원에 왔다. 보호자인 어머니의 말씀을 들어보니 이 꼬마는 말을 영악할 정도로 잘하는데 이상하게도 가족 중 누구와도 대화하지 않으려고 한단다. 처음에는 부모가 자주 집을 비우는 일이 많아 말할 기회가 적어서 그러려니 하고 가볍게 넘겼지만 날이 갈수록 한마디도 하지 않는다고 했다. 이뿐만 아니라 가족 누구에게도 아는 체조차 하지 않으니 도무지 이해하기가 어렵다고 했다.

　꼬마를 문진하는 동안 아이는 나의 질문에는 아무런 응

답도 하지 않고 혼자 열심히 중얼거렸다. 어머니와 다정하게 이야기하는 시늉을 하거나, 아버지에게 무엇을 부탁한다는 전화를 거는 듯이 장난을 치고, 친구와 노는 듯한 모습을 보이기도 했다. 누가 밖에서 들으면 아주 오손도손 대화하는 현장으로 착각할 만했다.

"너 참 예쁘게 생겼구나. 이름이 뭐니?"

이렇게 관심을 보여도 아이는 아랑곳하지 않고 제 할 일만 계속이다. 네 살밖에 안 되었다는 녀석이 어찌 주위 어른을 이렇게 철저히 소외시킬 수 있을까. 부모의 관심에 좋다, 싫다 반응은 있어야 할 게 아닌가. 아이는 이번에도 전화 놀이 중이다.

"엄마야? 나야. 응. 어디 있어? 그래?"

옆에 앉아서 지켜보는 엄마의 얼굴은 정말이지 어처구니가 없다는 표정이다. 아이의 부모 둘은 모두 사업 때문에 외국을 빈번히 나다닌다고 했다. 꼬마는 그 길고 긴 날을 보모와 함께 보내며 오늘은 무슨 놀이를 할지만 궁리하며 지냈다. 어머니 말씀으로는 아이를 위해서라면 집에 없는 것이 없다고 했다. 아이 방은 마치 장난감 상점의 창

고를 옮겨놓은 수준이었고, 재미있다는 것부터 학습 교구까지 완비했다고 한다.

이렇게 아이를 사랑해 주는데 아이가 자신을 외면하니 어머니는 섭섭하고 가슴이 무너진단다. 아이는 엄마를 엄마라고 부르지도 않았고 무엇을 해달라고 보채지도 않았다. 아이의 무시가 너무 철저해서 이제는 무섭기까지 하다는 게 어머니의 심정이었다.

나는 의사로서 매주 한 번씩 방문해 놀이치료를 받으라고 권했다. 이후 두 달이 지나도록 아이는 아무런 변화를 보여주지 않았다. 치료실에서의 한 시간 내내 아이는 집에서와 마찬가지로 장난감을 들고 혼자서 좋알댔다. 한번은 종이와 크레파스를 주며 "엄마를 그려볼까?"라고 했더니 머리에 발만 두 개 달린 생물체를 그리고는 종이를 있는 대로 찢어버린다. 장난감도 죄다 던지고 부수며 이렇게 소리쳤다.

"엄마! 엄마!"

아이가 어머니를 소외시키는 목적은 반대로 나를 좀 생각해달라는 뜻이다. 내가 엄마를 소외시키더라도 엄마는 항상 나를 생각하고 내 옆에만 있어달라는 뜻이다. 나와 같이하지 않는 엄마는 남이라고 온몸으로 부르짖고 있다. 아이는 "엄마!"라고 고래고래 소리치며 감정적 폭발을 보인 그날을 기점으로 엄마와의 관계를 회복해 나갔다. 나는 아이를 대신해 병상 기록지에 이렇게 적었다.

'나는 엄마의 보살핌이 필요해요. 엄마는 비싼 장난감이 사랑이라고 믿지만 나는 아무것도 필요하지 않아요, 엄마가 없다면요.'

〜〜〜

사람의 마음이란 지극히 미묘한 것이어서,
말로써 이해할 수 없으며 침묵으로도 통할 수 없다.

_고려 말기의 승려, 태고 보우太古 普愚

아이가 마음을 열기 시작했고 어머니도 문제가 무엇인지 깨달았으니 이 아이는 이후로 탈 없이 자랐을 것이다. 하지만 이 일이 해결되지 않은 채 더 오랜 세월이 흘렀다면 아이는 인격 형성에 매우 큰 어려움을 겪었을지 모른다.

사람은 타인으로부터 관심을 받고자 하는 속성이 있다. 서울여자대학교 총장을 지낸 고황경 교수님은 평생을 학생 교육과 어머니 교육에 이바지한 분으로 대한어머니회라는 조직을 만들어 부모가 해야 할 역할이 무엇인지 알렸다. 그분 주장의 핵심은 자녀가 5살이 될 때까지 어머니의 품이 꼭 필요하다는 것이다. 확대해서 설명하자면 사랑을 듬뿍 받고 자란 어린이와 그렇지 못한 어린이, 더 나아가 학대를 받은 어린이는 성인이 되어서 각각 다른 삶을 살게 되며, 경우에 따라 정신 장애를 일으키는 원인이 된다고 하겠다. 이는 고황경 교수님만의 주장이 아니며 당시를 휩쓴 심리학 가설이 모두 같은 경향을 보였다.

외로움이 물밀듯이 몰려오는 기분을 느끼는 이가 많다. 그들은 외로움을 달래려 온갖 방법을 찾아 거리로, 산으로 헤맨다. 자기 자신에게 한스러운 원망을 보내면서 떠나지만 어찌 낯선 곳에 간들 외로움이 떨쳐질까.

외로우면 외롭다고 말을 해야 한다. "나 외로워요. 관심과 사랑을 주세요" 하고 적극적으로 표현해야 알아듣는다. 갓난아기가 배고프면 젖 달라고 서럽게 보채듯이 외로우면 우리도 보채면 된다. 나의 지인은 고독이 몰려올 때마다 산에 올라가 아무도 없을 때 저 멀리 쳐다보며 소리를 지른다고 한다. 그러고 나면 속이 다 후련해진다고 하는데 사실은 원인을 내버려 둔 채 임시방편을 세운 격이다.

고립무의孤立無依라는 고사성어가 있다. 외롭고 의지할 데가 없다는 말이다. 의지할 데가 없으니 외롭다. 그렇다면 우리는 기댈 곳을 찾아야 한다. 나를 알아주는 이가 하나라도 있다는 사실을 떠올린다면 외로움은 잠시일 뿐, 흘러가는 강물처럼 마음에서 스쳐 지나갈 것이다. 산에 올라가 애꿎은 고함만 지르지 말고.

나는 그저 나인 것을

주말이 되면 한 환자가 입원실을 나와 내가 있는 진료실을 찾아왔었다. 그는 손수 만든 외출증을 내밀며 내게 사인해달라고 한다. 꼿꼿한 차렷 자세를 전혀 흐트러트리지도 않은 채로. 정신과 병동에는 개방 병동과 폐쇄 병동이 있다. 자신이나 타인을 해할 위험이 있다면 폐쇄 병동에 들어가겠지만 이 환자는 개방 병동에서 지내고 있었고, 마음만 먹으면 병실 문을 열고 나가 지나가는 택시를 잡아탈 수 있었다. 그런데도 그가 주말마다 꾸준히 외출증을 들고 나를 찾는 데는 이유가 있었다. 그는 철저한 군인이었기 때문이다.

육군사관학교를 졸업한 엘리트였으며 해외 파병 경험도 있는 장교였으나 지금은 누가 봐도 감성과 사고가 혼란스러워 보였다. 그런 중에도 잃어버리지 않은 절도가 있다면 바로 외출증이었다. 명령 불복종과 군무이탈은 군인에게 중한 죄다.

"집에 좀 다녀와야겠습니다. 결재 좀……."

외출증을 들고 이렇게 말하는 그에게 나는 뭐라고 설득해야 할지 망설이다가 답을 찾았다.

"지금은 비상사태라서 외출을 금한다."

짐짓 위엄 있는 말투로 명령하니 그는 선뜻 납득하고는 아무 말 없이 물러갔다. 군인은 그에게 남은 마지막 정체성이었고 그가 더 무너지지 않게 하는 최후의 저지선이었다.

그렇다면 나에게는 어떤 정체성이 있을까. 지금보다 젊었을 때는 나를 대표할 이름이 많았다. 한번은 이런 일도 있었다. 당시 국민학교에 입학한 지 얼마 되지 않았던 막내가 가정환경 조사표라며 종이 한 장을 들고 와서 물었다.

"아빠 직업을 뭐라고 적어야 해요?"

막내는 도대체 내가 무엇 하는 사람인지 모르겠단다. 아들 녀석의 말인즉, 언제는 그림을 그리고 언제는 카메라를 만지작거리고 주말에는 가족과 함께 등산을 다니니 아빠가 화가인지, 사진 작가인지, 등산가인지 모르겠다는 것이다. "아빠는 의사인데 학생도 가르치고 있어"라고 설명해주었지만 고개를 갸우뚱거린다. 그도 그럴 것이 아이는 내가 환자를 보고 학생을 가르치는 장면을 한 번도 보지 못했기 때문이다.

이 시절에는 내 안의 여러 정체성이 부딪혀 문제가 되기도 했다. 대표적인 경우가 직장에서의 나와 가정에서의 내가 충돌할 때다. 한번은 동료 교수가 집에서 연락을 받았다. 이 동료는 아이를 낳은 지 얼마 지나지 않은 여의사였는데 아기가 열이 많이 나고 아프다는 소식이었다.

마음은 벌써 집을 향하고 있겠으나 자기를 기다리는 환자가 수십 명이었다. 결국 전화로 가족에게 "동네 병원에 가봐. 괜찮을 거야"라고 말하고 본인은 그날의 환자를 전부 보고 나서야 집에 갈 수 있었다. 엄마가 의사면 뭐하나는 한탄에 나는 "그 정도 일은 작은 병원으로도 충분할 겁니다"라고 위로했다.

그런가 하면 나는 아내와 친구 사이에서 친구를 택했다가 큰코다친 적이 있다. 당시 나는 노량진에서 2년 정도 거주했는데 동네에 내 또래의 친구가 몇 있어 가깝게 사귀었다. 하루는 그중 한 친구가 급히 달려와 돈을 좀 빌려달라고 했다. 아내에게 상의했더니 극구 반대한다. 돈도 잃고 친구도 잃는다는 이유다. 나는 친구가 오죽 급하면 나를 찾았겠냐는 명분을 앞세웠고 결국 돈을 빌려주었다. 그런데 아뿔싸! 친구인 줄 알았던 놈이 그날 밤 가족을 데리고 야반도주를 했다. 의리 있는 행세 좀 하려다가 돈을 떼먹혔으니 아내로부터 두고두고 눈총을 받을 수밖에 없었다.

아내는 지금도 그때 일이 떠오르면 나를 책망한다. 나와 평생 동지가 되어줄 아내와 경제 사정도 자세히 모르는 친구 중에서 당연히 아내를 택했어야 했는데, 내가 남편이라는 정체성을 잠시 소홀히 한 덕택에 벌어진 일이니 누구를 원망하겠으랴.

여러 정체성 사이에서 갈등하던 일도 이제는 옛말이다. 나는 지금 진료실에 출입하지도 않고 강단에 서지도 않는다. 여전히 누군가의 친구이기는 하나 한창 사회생활을 하던 때에 비하면 그 비중은 크게 줄었고, 아이들 앞에서 아버지로 나설 일도 적어졌다.

사람은 누구나 자기의 정체성에 대해서 한 번은 앓고 넘어간다. 그 첫 번째 순간은 보통 사춘기다. 10대가 되면 성호르몬의 영향으로 신체 변화가 찾아오며 명실상부한 어른이 된다. 마음도 마찬가지다. 마냥 천진난만하던 어릴 때와 달리 조금은 성숙해진다. 그렇게 자라나 학교를 졸업하고 돈을 벌다가 보면 어느 순간 스스로를 청춘이라 부르기에 어색한 나이가 된다. 그리고 이때 두 번째 사춘기를 맞이한다. 나는 아직 팔팔한데 나이가 많다는 이유로 직장에서 밀려난다. 명함이 사라진다는 것은 큰 위기감을 가져다준다. 경제력이 떨어지니 어깨도 움츠리게 된다. 친구를 만나도 밥을 사기가 두렵고 집에서도 위축된다. 어느 곳에도 정을 붙이지 못하니 소속감을 찾아 헤맨다. 나는 누구인가. 무엇에 쓸모 있는 사람인가. 제발 누구든 알려주면 좋겠다.

~~~~~
~~~~~

너 자신을 아는 것을 너의 일로 삼으라.

이것은 세상에서 가장 어려운 교훈이다.

_스페인의 소설가, 미겔 데 세르반테스 Miguel de Cervantes Saavedra

　정체성의 변화란 오로지 인간만이 가지는 개념이다. 금은 영원히 금이다. 귀한 보석이고 훌륭한 산업 자원이지만 한낱 돌덩이에 불과하기도 한 금은 스스로 자기 존재를 의심하지 않는다. 땅에서 나오고, 노란빛을 띠며, 단단하면서도 무르다는 말은 모두 금의 특성을 잘 설명해 주지만 땅에서 나왔거나 노란빛을 띤다고 전부 금은 아니다. 반대로 금광이 아닌 산업 폐기물 처리장에서 채굴되었거나 다른 물질과 섞어 은백색을 띤다고 해도 금은 금이다.

　석가모니가 열반에 들며 남긴 마지막 가르침은 자등명법등명自燈明 法燈明, '너 자신을 등불 삼고 법률을 등불 삼으라'였다. 스승인 석가모니가 떠나고 나면 남은 제자들은 누구를 믿고 살아야 하느냐는 말에 남긴 유훈이다. 자기 정체성이 강한 사람은 스스로에 대한 신념도 굳다. 그렇다고 고집스럽지는 않아서 바람이 불면 흔들릴지언정 꺾이지는 않는다. 주변과의 관계도 원만하고 본인의 분수를 아니 삶이 자연스럽게 흘러간다.

막내는 나를 두고 화가이자 사진작가이자 등산가라고 불렀지만 지금의 내가 그림과 사진과 등산을 하지 않는다고 해도 나는 나다. 타인이 나를 무엇이라 부르든 중요하지 않다. 금이 그저 금이듯, 나 또한 그저 나인 것을.

이 세상 사람은
모두 비정상

날이 풀렸는가 싶더니 갑자기 여름이다. 가만히 앉아 있는데도 무더위라는 말이 떠오른다. 이 날씨라는 놈은 참 이상도 하다. 아침저녁으로는 선선하고 낮에는 이리 뜨거우니 어떻게 해야 변화무쌍한 장단에 맞출 수 있을지 답답하다. 날씨와 소통할 방법도 없지만 가능하다고 해도 협상을 청해봤자 내 말은 듣지도 않을 모양새다. 결국은 내가 나와 타협하는 수밖에 없다는 결론을 일말의 망설임 없이 얻어냈다. 억울하다. 하지만 어쩌랴. 이것이 자연의 고집인 것을.

소통과 타협이라는 말은 쓰기는 쉬워도 실제로 행하기는 어렵다. 병원에서 인간관계로 고민을 호소하는 환자를 여럿 만나보면 이상하게 공통점이 보인다. 바로 소통과 타협이다. 좁게는 가정이나 직장에서의 인간관계, 넓게는 사회 불특정 다수와의 인간관계가 결국은 소통과 타협으로 해결된다.

하루는 나이 지긋한 남성이 배우자 때문에 죽겠다며 찾아왔다. 아내가 자기 말은 듣지도 않고 갈등만 유발한다는 불평이다. 그렇다면 상식적으로 그 아내는 말귀가 통하지 않는 사람이어야 한다. 그런데 여기서 신기한 현상이 일어난다. 아내를 불러 따로 상담해 보면 아내 쪽에서도 똑같이 호소한다.

"남편이 제 말은 들은 척도 안 해요! 이 상담에서도 답이 없으면 바로 이혼할 계획이에요."

같이 산 세월이 수십 년은 되었을 부부로 보이는데 이렇게 맞지 않는다니, 그동안 어떻게 사셨냐고 묻자 답변이 돌아온다.

"그야 애들 결혼은 시켜야 하니까 참고 살았죠."

부부에게는 딸 하나와 아들 둘이 있었는데 자식들이 시집가고 장가들기만을 기다렸다고 한다. 아버지가 정년 퇴임하기 전에 빨리빨리 식을 치르라며 부추기고는 이제 부모로서 할 일을 마쳤으니 서로 헤어지든 말든 결판을 볼 때가 왔다는 것이다. 평생 부딪히며 갈등하던 부부가 처음으로 뜻을 모은 일이 어쩌면 이혼이 될지 모르는 상황에 처했다.

서로가 서로에게 뭔가를 주장하고 있다면 대화가 끊긴 가정은 아니라고 볼 수 있다. 다만 그 대화가 소통이나 타협으로 이어지지는 못하고 있다. 나는 정상이고 상대는 비정상이라고 생각하기 때문이다. 내 말은 바른 소리인데 상대의 말은 허튼소리라는 인식이 확장되면 나 이외의 다른 사람은 모두 이상하다는 논리로 빠지기 쉽다.

정상이라는 개념을 두 가지로 나누어 생각해 보자. 하나는 통계적 의미로, 다수를 차지하는 쪽이 정상이겠다. 이는 정상을 양적 의미에서 생각한 것이다. 다음은 질적인 의미에서의 정상으로, 신체나 정신에 이상 없는 건강한 상태를 말한다.

이 세상 사람은 모두 비정상이라고 말하는 정신의학자도 있다. 흔히 생각하는 정상인이라고 하더라도 부분적으로는 이상한 부분을 누구나 지니고 있다는 뜻이다. 앞서 등장한 부부도 차근차근 이야기를 들어보자면 두 사람의 말이 모두 옳다. 반대로 생각하자면, 두 사람 모두 조금씩 이상한 구석이 있다고도 하겠다. 가장 가깝게 정을 나누는 부부 사이에서도 상대의 이상한 지점을 받아들이기가 어려운데 하물며 다수가 모여 사는 사회에서 발생하는 인간관계가 복잡하지 않을 수 없다.

또 다른 부부는 서로 대화를 참 많이 한다. 그런데 여기도 죽겠다는 소리가 나온다. 예를 들어 남편이 직장에서 속상한 일이 있어 아내에게 털어놓으면 아내가 이렇게 말한다는 것이다.

"당신이 잘못했네. 김 대리에게 가서 사과해."

남편은 해결책을 몰라서 꺼낸 말이 아닌데 아내가 정답풀이만 해대니 속이 부글부글 끓는단다. 이제는 아내로 보이지 않고 엄한 선생님 같이 느껴져 밥을 먹을 때도, 잠을 잘 때도 영 불편하게 느껴진다. 아내는 아내대로 불만이다. 나는 옳은 소리를 했는데 욕만 먹었다며, 그럼 애초에 왜 말을 꺼냈냐고 한다. 대화가 이어지기는 했으니 상처만 남았으니 하지 않으니만 못했다.

상처받지 않으면서 소통할 방법은 없을까? 이 부부가 서로 불만을 털어놓으며 괴로워하듯이 인간관계에서 벌어지는 대부분의 갈등은 제대로 된 소통이 부재해서 발생한다. 소통이 어려운 이유는 자기의 대화 방식이 옳으며 상대는 답답한 소리만 한다고 여겨서 그렇다. 여기에는 '내가 하는 행동이나 사고, 감정은 올바르고 상대방의 행동이나 사고, 감정은 항상 이상하다'는 편견이 깔려 있다. 그러니 대화 방식에서 타협을 보는 수밖에 없다.

들어달라는 말은 들어주고, 해달라는 말은 해줘야 한다. 어떤 사람은 "쓸데없는 위로나 하고 있으려면 영 어색해요. 그런 말을 부끄러워서 어떻게 하죠?"라고 하지만 소중한 배우자가 듣고 싶다고 하면 해주고 말 일이다. 돈이 드는가, 힘이 드는가. 반대로 "저 사람은 정답만 말해서 미워요"라고 생각한다면 가만히 있지 말고 먼저 요청해야 한다. 나는 위로와 칭찬이 듣고 싶다고 말이다. 원하는 바를 알려주지도 않고 상대가 알아서 맞춰주기를 바라는 마음 은 이기적이다.

귀 기울이면 모두
알게 된다

　남의 말을 어떻게 하면 잘 들을 수 있을까? 상담을 직업으로 삼는 사람이라면 수없이 떠올렸을 질문이지만 잘 듣는다는 것이 어찌 상담사에게만 필요한 기술이겠는가. 잘 듣는다는 것은 대화와 소통이 잘 된다는 뜻이고, 소통이 잘된다면 인간관계가 원만해진다. 흔히 우스갯소리로 조물주가 입은 한 개, 귀는 두 개를 달아준 이유가 무엇이냐고 묻는다. 말은 적게 하고, 그보다 많이 들어야 하니 그렇다는 답이다.

　'경청자가 훌륭한 치료자다 Good listener is good therapist.'

정신과에서 수련받으면서 교수님으로부터 귀가 따갑도록 들은 조언이다. 상대가 하는 이야기가 재밌고 유익할 때는 아무런 문제가 되지 않는다. 그런데 헛소리를 듣고 있자면 정신이 멍해진다. 청각에 신호가 잡히기는 하되 내용이 뇌로 전달되지는 않는다. 한 귀로 듣고 한 귀로 흘린다는 표현이 딱 맞는다.

수십 년 전의 에피소드가 떠오른다. 때는 1970년대 초, 일본에서 정신의학회가 있어 참석했는데 그때 마침 대학병원 하나가 새로 건립되어 견학을 갔다. 나는 건물을 보고 놀랄 수밖에 없었다. 높다란 건물의 4층에 정신과 병동이 위치했는데, 유리창에 창살이 없었던 것이다. 당시 한국 정신병원은 전부 폐쇄 병동이면서 창살로 가려져 있었는데 나는 이화여대에서 작은 공간이나마 처음으로 개방병동을 운영하던 터라 관심이 쏠렸다.

4층 높이에 있으면서 유리창에 보호 시설이 없다면 환자가 떨어져 사고사할 수도 있는데 어떻게 저리 만들었을까? 유리창도 보통 크기가 아니라 온 시내를 한눈에 내다볼 수 있을 만큼 넓은 통유리창이었다. 나는 일본의 주임 교수에게 안전하겠느냐고 물었다. 그는 아무 대답도 하지 않고 망치를 들고 와서 유리창을 두들겼다. 그러고는 내게 망치를 주면서 힘껏 쳐보란다. 물론 깨지지 않았다. 나중에 안 사실이지만 그런 유리를 보고 강화 유리라고 부르는데 나는 당시 그런 물건을 처음 보았다.

귀국해서 우리 병원 원장님께 "우리도 이런 유리를 써보지요"라고 했는데 원장님은 내 말을 흘려듣더니 "이 교수는 정신과를 하더니 맨날 헛소리만 하고 다녀"라고 한다. 원장님이 나쁜 사람이어서 내 말을 무시한 것은 아니었다. 강화 유리가 지금처럼 흔한 시대가 아니었고, 그런 유리를 구한다고 하더라도 우리 병원 형편으로는 감당할 수준의 금액이 아니었다. 그렇다고는 하지만 혁신적 변화를 가져올 기회였는데 헛소리로 치부된 일은 두고두고 아쉽다. 누군가에게는 헛소리지만 다른 이에게는 옳은 소리일 수도 있는 셈이다.

미국으로 건너가 산부인과 의사로 일한 친구가 있다. 지금도 아니고 그 옛날에 한국인이 낯선 땅에서 살아남기란 쉽지 않은 일이었을 텐데 잘도 버텼다.

"한국인은 젓가락질하는 버릇이 있어서 손재주가 남달라. 수술하는 기술이 다르다고."

그 친구가 이렇게 말하며 웃었지만 내가 생각하기에 더 중요한 이유가 있다. 친구가 미국 의사로 일하기 위해 유학하던 시절, 사례 연구도 할 겸 어떤 병동에서 생활하게 되었다. 그에게 맡겨진 환자는 3년이나 입원해 있으면서 그 누구와도 제대로 된 대화를 나눈 적 없는 미국인이었다. 넘칠 만큼 많은 환자들 가운데서 조용히 식사하고 잠을 자는 이 환자는 누구의 관심도 끌지 못했다. 어쨌거나 담당의가 된 내 친구는 일부러 환자를 찾아가 약간은 어눌한 영어로 "어떻게 입원하게 되었습니까?"라거나 "가족은 있나요?" 같은 질문을 하는데 통 대답이 없다.

하루는 '옳지. 이럴 것이 아니다' 싶어서 환자의 어깨를 감싸 안으며 "같이 탁구나 치시죠"라고 권했다. 환자는 의외라는 표정을 지으며 병동 한편에 마련되어 있는 탁구대로 따라나섰다. 환자가 공을 받아치기 좋게 코앞으로 팅겨주며 며칠을 보냈는데 그 덕분일까, 드디어 환자가 기운을 내기 시작했다. 환자가 서브를 재치 있게 넣어 담당의가 공을 놓치면 환자는 좋다고 소리를 지르기도 했다. 이 모습을 본 미국인 의사들이 "어떻게 3년이나 내팽개쳐져 있던 환자의 입을 열게 했느냐"며 비결을 알려달라고 졸랐다. 그 답은 친구가 아닌 친구의 평가 교수가 내놓았다.

"그건 영어에 서툴기 때문이지."

이 친구는 미국으로 넘어간 지 얼마 안 된 시절이었고, 그래서 남의 말을 건성으로 들었다가는 대화를 따라가지 못했다. 그러니 누가 중얼거리기라도 하면 유심히 귀를 기울여야 했다. 오죽 답답했으면 언어의 대화를 포기하고 운동을 통한 육체의 대화를 시도했을까. 결국 환자의 입을 열게 한 것은 관심과 애정이었던 셈이다.

〰️

대화의 기술보다 더 값진 것은
경청의 기술이다.

_미국의 기업가, 말콤 포브스Malcolm Forbes

우리는 불안과 함께
태어난다

어느 날 이런 질문을 받았다.

"이 세상에 태어나는 것이 행복할까요? 아니면 애초에 태어나지 않는 것이 행복할까요?"

느닷없는 질문이었지만 나는 서슴지 않고 답했다. 태어나지 않는 쪽이 더 행복할 것이라고. 깊이 생각하고 뱉은 말은 아니다. 다만 인생은 생로병사를 통하여 많은 고통을 겪으며 허우적거리다 때가 되면 하직하는 과정이니 마냥 행복하다고 할 수 없다 싶었다. 때로는 용케도 잠깐의 즐거움을 얻는 이가 없지 않으나 인생사의 대부분은 행복하지 않다는 말이 옳겠다.

　그런데 대답해 놓고 다시 생각해 보니 태어나지 않았다면 생명체라고 할 수 없는데 그런 존재에게 무슨 행복이 있고 고통이 있겠는가. 행복도 고통도 일단 태어났기에 따라온다. 생로병사가 고통이라면 그 뿌리는 어디서 나오는가. 바로 불안이다. 불안이란, 무엇인가가 걱정되어 마음이 편하지 않은 상태다. 의학적으로 덧붙인다면 '미래의 나에게 불행이 닥치지 않을까?'라는 막연한 근심을 지나치게 할 때 불안을 겪고 있다고 표현한다. 그러니 불안은 뜬구름 같다. 불안이 심하면 공포고, 더 심해지면 공황이라고 부른다.

　다수의 학자는 인간이 가지는 기본적 불안을 두고 이 세상에 태어날 때부터 가지고 나온다고 말한다. 이에 대한 가설이 있다. 사람이 일평생 중 언제 가장 행복한가. 어머니의 배 속에 있을 때라는 주장이다. 태아는 어머니로부터 공급받는 영양분을 먹고 산다. 자궁 내에 있는 양수에 자리 잡고 있으니 외부의 충격에서도 안전하고 우려할 일이 없다. 그러니 사람의 일평생 중 가장 행복한 시절이다.

그런데 어느 날 출산일이 되었다며 자궁이 수축한다. 조이는 힘을 받아 태아는 몸 밖으로 밀려난다. 이때부터 인생의 고통이 시작된다. 안락한 시절을 청산하고 좁은 산도를 통하여 세상 밖으로 나와야 하는데 산도를 통과하는 과정 자체가 첫 번째 고난이다. 이를 출생 충격birth shock이라고 한다. 게다가 아무런 경험이 없는 태아는 세상 밖으로 나와서 탯줄이 끊어지는 순간 모든 것을 자력으로 해결해야 한다. 난생처음 허파로 숨을 쉬어야 하고, 난생처음 어머니의 젖을 찾아내 영양분을 공급받아야 한다. 모든 행위가 경험해 보지 못한 것이기에 크나큰 역경이다. 그런 충격은 불안을 낳는다. 그래서 이런 불안을 기본 불안이라고도 한다.

여러 학자가 마치 태아 시절로 돌아가 직접 경험하기라도 한 듯이 실감 나는 가설을 내어놓고 있는데 당시를 기억할 방법이야 없겠으나 머리로 유추해 본다면 그럴싸하게 들린다. 용하게도 이 가설은 많은 학자의 지지를 받고 거의 정설처럼 인정받는 중이다. 즉 불안이란 이 세상에 태어나는 순간부터 발생한다고 보는 것이다.

인생은 불안정한 항해다.

_영국의 극작가, 윌리엄 셰익스피어William Shakespeare

　태어나는 것과 그렇지 않는 것 중에 무엇이 더 행복하겠느냐는 질문에 이어 연속되는 질문을 하나 덧붙이고 싶다. 태어나지 않았더라면 좋았을지 모르겠지만 기왕 세상에 나왔으니 사는 동안이라도 괴롭지 않게, 재미있게 지내는 방법은 없을까? 아무리 생로병사가 고통이라고 한들 그 고통에서 벗어나거나 최소화할 수 있는 길은 있다. 하늘이 무너져도 솟아날 구멍이 있는데 어찌 삶에 그런 도피처 하나 없겠는가.

　나는 그 방법을 '양동이에서 벗어나기'라고 부른다. 설명하자면 이러하다. 양동이 속에 게를 한 마리 집어넣는다. 그 게는 양동이를 탈출하려고 안간힘을 쓰다가 어찌어찌 탈출에 성공한다. 이번에는 같은 양동이에 여러 마리의 게를 함께 넣는다. 서로 밀어주고 당겨주면 탈출이 더 쉬울 만도 한데, 오히려 게가 한 마리도 밖으로 나오지 못한다.

피차 도움을 주기는커녕 나 살겠다고 다른 게를 잡아당기기 때문이다. 심리학에서는 이런 현상을 크랩 멘탈리트crab mentality라고 한다. 남이 성공하는 모습을 두 눈 뜨고 보지 못한 나머지 끌어내리려는 태도라고 하겠다. 다시 말해 다른 사람이 잘되는 모습을 견디지 못해 나를 불안이라는 양동이 속에 가두는 꼴이니, 이기심을 버리고 함께 양동이에서 벗어나야 하는 것이다.

불안은 누구나 다 가지고 있다. 단지 그 불안을 떨쳐 버리는가, 그렇지 못하고 껴안아 버리는가 하는 차이만 있다. 불안에서 벗어나지 못하면 고통이 따라오기 때문에 항상 초조하고 긴장이 된다.

특히나 요즘 세상 돌아가는 이야기를 들어보면 고되겠다는 생각이 절로 든다. 내가 한창 사회에서 활동하던 시절에도 불안과 고통은 존재했으나 지금은 또 다른 종류의 좌절이 더해졌다는 느낌이 들기 때문이다. 나라는 성장을 멈췄고 돈 벌 구석은 보이지 않으며 상대를 인간 대 인간으로서 바라봐줄 여유 따위는 진작에 사라졌다. 누군가 했던 말이 떠오른다.

"가능성을 보고 따르는 사회가 아니라 버텨내야 하는 사회를 살고 있습니다."

버티는 시간은 불안의 연속일 수밖에 없다. 수도승이 아니라면 절박한 가운데 마음의 평정을 찾기란 힘들다. 그래도 잊지 말아야 할 사실이 있다면 그런 순간에도 미소 지을 일은 하나씩 존재한다는 점이다. 불안과 고통이 나를 잡아먹으려 든다면, 내 속에 숨어 있는 그 녀석을 차라리 끄집어내자. 부정적인 감정을 없애려 들기보다는 보듬으며 같이 동행하자.

이기지 못할 싸움이라면 전법을 바꿔야 하지 않겠는가. 불안이 내 안에 또아리를 틀게 하지 말고 당당히 맞서야 한다.

〜〜〜

인생은 고통이며 공포다.
그러므로 인간은 불행하다.
하지만 고통과 공포조차도 사랑하기 때문에
인간은 인생을 사랑하고 있다.
_러시아의 소설가, 도스토예프스키 Dostoevskii

양동이 속의 게로 남을 것인가, 아니면 자유를 찾아 떠날 것인가. 남의 성공을 목격했다면 박수를 보내자. 남의 고통과 불안을 알아차렸다면 따스한 손길로 등을 토닥거리자. 나 역시 축하받을 것이고, 위로받을 것이다. 우리는 함께 양동이에서 벗어나야 한다.

인생에 더 기대할 게
없다는 생각이 든다면

초판 1쇄 발행 • 2024년 6월 1일

지은이 • 이근후
펴낸이 • 김동하

편 집 • 양현경, 최선경
디자인 • 김수지
펴낸곳 • 책들의정원
출판신고 • 2015년 1월 14일 제2016-000120호.
주소 • (10881) 경기도 파주시 산남로 5-86
문의 • (070) 7853-8600
팩스 • (02) 6020-8601
이메일 • books-garden1@naver.com

ISBN 979-11-6416-162-1 (03190)

• 이 책은 저작권법에 따라 보호받는 저작물이므로 무단 전재와 무단 복제를 금합니다.
• 잘못된 책은 구입처에서 바꾸어 드립니다.
• 책값은 뒤표지에 있습니다.

If you think there's no more to look forw

If you think there's more to look for